Hans Scheibner, geboren 1936, ist gelernter Verlagskaufmann und Journalist. Er veröffentlichte in den letzten fünfzehn Jahren zahlreiche Bücher mit Liedern, Gedichten und Satiren und arbeitet als unabhängiger Kabarettist und Satiriker. Seine Fernsehsendung »Scheibnerweise« wurde 1986 abgesetzt, weil er öffentlich jene Politiker als »Mörder« bezeichnet hatte, die mit Massenvernichtungsmitteln ihre Planspiele treiben.

Vollständige Taschenbuchausgabe April 1991
Droemersche Verlagsanstalt Th. Knaur Nachf., München

Umschlaggestaltung Manfred Waller
Umschlagfoto Foto Press, Hamburg
Druck und Bindung Ebner Ulm
Printed in Germany 5 4 3 2 1
ISBN 3-426-02748-8

# Hans Scheibner:
# Klopfzeichen aus der Anstalt

Satirische Nachrichten

Mit Illustrationen von W. Wachsmuth

Knaur

# Inhalt

*frei nach Goethe*

---

## Faust I

**Der Herr:**
Mephisto! Irgendwie tust du mir leid!
Gescheitert bist du in der Christenheit
mit deinem allerteuflischsten Projekte,
das mich sogar, den Herrn der Welt, erschreckte.
Der Plan, den du mit bösem Fleiß ersonnen,
der Menschheitsmordplan, ist zerronnen!
Die Kernkraft listig ihnen zu verschaffen,
ist dir gelungen zwar — die Höllenwaffen;
schon glaubtest du, der Schreckenssieg sei dein:
die Erde selber sollt' die Hölle sein!
Doch nun: du armer Teufel bist blamiert.
Die menschliche Vernunft hat triumphiert.
Sie haben sich entschlossen abzurüsten!
Wie stolz bin ich auf meine lieben Christen.

**Mephistopheles:**
Ei, Herr! Ich lach'. Muß beinah mich genieren,
die höchsten Herrn der Welt zu korrigieren.
Wie peinlich, Herr: Es sind nicht Eure Christen,
die sich entschlossen haben abzurüsten.
Die Gottesleugner sind's, die Atheisten,
für die's Euch gar nicht gibt: die Kommunisten!

Die Christenheit, die Euch mit Stolz erfüllt,
verzeiht mir, zeigt ein jammervolles Bild!
Sie sträuben sich, die schönen Schreckenswaffen
sofort und restlos abzuschaffen!
Ja, »liebet eure Feinde« — klingt ganz schön.
Doch mit Atomraketen, wollt verstehn,
kann man Millionen Schuldlose vernichten:
Kein guter Christ mag darauf gern verzichten!

**Der Herr:**
Nun ist's genug! Mag sein, du Satansbrut,
daß sich der Christ noch etwas träge tut.
Sie sind verstört. Argwöhnen vor dem Bösen.
Vertraun soll sein, wo Feindschaft nur gewesen?
Doch sag' ich dir, sie lassen sich nicht nehmen,
den Widerpart im Guten zu beschämen.
Sie werden bald, die Erde zu befrein
von deinem Höllenfluch, die Größten sein!

**Mephistopheles:**
Die Wette gilt! Es werden Eure Christen,
o Herr, es noch vereiteln abzurüsten!
Sie sind es doch, die christlichen Gestalten,
die sich den Holocaust noch vorbehalten.
Und ich, der Teufel, bau' auch ferner
auf Christen wie den Dregger und den Wörner.

Oben bleiben sie wieder unter sich.
Und hier unten?
Hören Sie was?
Hat da nicht jemand geklopft?
Als ob hier aus der Anstalt...?
Aus welcher Anstalt?
Wer drinnensitzt?
Wo draußen ist?

Herr Z. sagte noch neulich:
Klopfen Sie lieber nicht so laut.
Oder wünschen Sie, gehört zu werden?

Klopfzeichen aus der Anstalt.

# I

# SPITZENHÄUBCHEN, BECQUEREL UND HOHES C

## Besser ist besser!

»Die alte Batterie tun Sie bitte dahinten in den Sammelbehälter«, sagt der Verkäufer im Radiogeschäft zu der alten Dame. Die hält eine winzige Batterie in der Hand. Der Verkäufer hat sie ihr aus einem kleinen Taschenrechner entfernt und eine neue dafür eingesetzt.

»Warum denn?« fragt die alte Dame.

»Weil Batterien Chemie-Müll sind. Sie sind giftig und gefährlich.«

»Ach ja. Und was machen Sie dann damit?«

»Sie werden gesammelt als Sondermüll. Und gesondert vernichtet.«

»Aha. Und wo kommt das alles hin?«

»Zur Sondermüllsammelstelle der Stadtreinigung, nehm' ich an.«

»Ja, und dann?«

»Was weiß denn ich. Zu irgendeiner Sondermülldeponie.«

»Ach so. Zu welcher denn?«

»Beste Frau, woher soll ich denn das wissen. Auf irgendeine Sondermülldeponie eben.«

»Und liegt es da sicher?«

»Ja, da liegt es sicher.«

»Können Sie das garantieren?«
»Wie bitte? Was wollen Sie denn eigentlich? Garantieren kann heute keiner mehr was!«
»Aha. Ja. Sie sagen zu mir, ich soll meine Batterie hier reintun. Und dann kommt sie nachher auf eine gefährliche Müllhalde. Zum Beispiel nach Schönberg in die DDR. Das hab' ich gelesen. Und dann sickert was von meiner Batterie ins Grundwasser von Lübeck. Und meine Batterie wird gefunden. Und hier an dieser Kennzahl stellen sie dann fest, daß sie mir gehört hat. Dann muß ich für den Schaden aufkommen. Dann schicken die mir einen Kostenbescheid über viele tausend Mark!«
»Hahaha. Gute Frau, was Sie sich denken. Wegen Ihrer winzigen Batterie. Da sind erst mal die Großen dran. Die Chemie, die ihre Gifte tonnenweise in die Flüsse kippt und die Schwermetalle und die Schwefelgase ...«
»Nein, nein, nein«, sagt die alte Frau. »Ich bin jetzt 78. Und immer ist es so gewesen, daß die großen Verbrecher frei ausgegangen sind. Nur die Kleinen müssen für alles büßen und bezahlen. Da nehm' ich meine Batterie lieber wieder mit und tu' sie zu Hause in den Apothekerschrank zu den giftigen Sachen.«

# Alte Kameraden

Schon Tage vorher herrschte große Aufregung im Altenheim Deutscher Soldaten, im Veteranenheim in Hamburg-Poppenbüttel: Der Verteidigungsminister kommt! Zusammen mit dem Hamburger Bürgermeister-Kandidaten der Opposition besuchte er die alten Kämpfer — und sprach zu ihnen. Schließlich steht die Wahl vor der Tür in Hamburg.
Heidewitzka, das sollte ein Festtag werden! Da mußte man sich auf seine alten Tage noch mal in Schale werfen! Hermann K. (92) kramt den ganzen Vormittag in seiner Nachttischschublade herum. »Was suchen Sie denn, Herr K.?« fragt Schwester Elisabeth.
»Mein EK 1! Wo ist mein EK 1 geblieben?«
Um Himmels willen, das kann ja peinlich werden, denkt Schwester Elisabeth. Am Ende fangen die noch an, das Horst-Wessel-Lied zu singen, wenn der Minister kommt. Und wenn sie bloß nicht die Hacken zusammenknallen und die Hand zum deutschen Gruß erheben. Da sind doch auch Reporter dabei!
Aber dann ist der Minister da — und alles verläuft harmonisch. Von Kommandeuren der Bundeswehr umringt, spricht der Minister mit seiner klaren soldatischen Stimme zu den altgewordenen Helden aus dem Ersten und Zweiten Weltkrieg.
Von Treue und Kameradschaft spricht der Minister. Tugenden, die ihren Wert behalten — »ohne Treue und Kameradschaft, wie Sie, die alten Kämpfer, sie bewiesen haben, kann auch die Armee von heute nicht bestehen«! Und daß er, der Minister, Respekt vor ihnen hat, weil sie ihre Pflicht und nichts als ihre Pflicht getan haben für das deutsche Vaterland. Und daß die Tradition

deutscher Soldatentreue auch heute fortleben soll! Den meisten Alten glänzt eine Träne im Auge. Auch wenn sie nicht mehr jedes Wort verstehen: Wie schön, daß sie diesen Tag noch erleben durften. Nicht enden wollender Beifall — als der Minister, von seinen Kommandeuren begleitet, wieder gehen muß.
»Gott sei Dank, alles gutgegangen«, denkt Schwester Elisabeth. »Kein deutscher Gruß und kein ›Die Fahne hoch‹.«
Was Fiete P. (88), ehemaliger U-Boot-Kommandant, mit zittriger Stimme zu Heinrich Z. (92), Panzer-Bataillonsführer a. D., sagt, kriegt Schwester Elisabeth nicht mehr mit:
»Junge, Junge — der hat sich aber gut gehalten, unser Gauleiter! Immer noch so schneidig wie damals!«

## Volksorgie

Eines Morgens, vor Geschäftseröffnung, war die Verkäuferin im Kaufhaus Horten plötzlich ihrem Abteilungsleiter Fritz Gonschorek um den Hals gefallen und hatte ihn geküßt:
»Nun ist alles egal! Ich liebe Sie, Herr Gonschorek! Ich will nicht sterben, ohne es Ihnen gestanden zu haben!«
»Aber Fräulein Lorenz! Wie können Sie es wagen!«
»Wenn die Wolke in zwei Stunden hier sein kann? Ich will noch leben! Der Hamburger Umweltsenator hat es selber bestätigt. Bei einer Kernschmelze in Krümmel oder Stade ist einfach alles zu spät. Dann sind wir hilflos. Hamburg ist von vier Kernkraftwerken umzingelt.

Die Vorwarnzeit reicht niemals aus. Bei einem GAU ist Hamburg verloren!«
»Ja, ja, bei einem GAU. Aber der ist doch so unwahrscheinlich!«
»Aber niemals auszuschließen. Und mit dem Gefühl kann ich nicht leben! Vielleicht geht's gut. Vielleicht geht's auch nicht gut. Ich will nicht brav meine Arbeit tun und einfach verdrängen, daß wir in tödlicher Gefahr leben. Wenn es passiert ist, sagen alle: Oh, hätten wir doch noch unser Leben genossen!«
Fritz Gonschorek fiel es wie Schuppen von den Augen.
»Sie haben recht, Fräulein Lorenz, auch ich will nicht mehr auf Verdacht leben. Hiermit gebe ich die Spirituosenabteilung frei!«
Die Kunden strömten gerade herein.
»Sekt für alle, die leben wollen!«
Minuten später war die ganze City erfaßt:
»Angestellte, seid ihr wirklich so dumm, weiter Zahlen zu addieren, wenn in zwei Stunden alles vorbei sein kann?« — »Arbeiter, wollt ihr weiter Dosen abfüllen, solange ihr nicht wißt, ob die Wolke kommt?«
Sie ließen alles liegen. In allen Firmen und Geschäften. Sogar auf dem Postscheckamt.
»Laßt uns das Leben genießen, ehe es zu spät ist.«
PS: In Wirklichkeit hat sich diese Orgie natürlich nicht zugetragen. Der Mensch ist viel geduldiger, als man es für möglich hält.

# Der Antrag

»Herbert, ich hab hier den Antrag, über den wir neulich gesprochen haben: Die Eiche muß weg von meinem Grundstück. Du weißt doch...«
»Psst!« Der angesprochene Beamte blickte besorgt zur Tür. »Duz mich nicht im Dienst. Also — was ist das? Antrag auf Fällen des Baumes auf Ihrem Grundstück, Herr N. Begründung?«
»Na, das haben wir doch besprochen: Die nimmt die ganze Sonne weg! Ich meine...«
»Begründung, sage ich!«
»Ach so — entschuldige, ich wollte sagen: die Dränage. Also — die Eiche gefährdet die Dränage. Das Wurzelwerk könnte das Abflußrohrsystem...«
»Was für ein Baum ist das?«
»Eine Eiche. Das weißt du doch... Ich wollte sagen: Sie haben doch selbst... äh... ehem.«
Streng blickte der Beamte.
»Eine Eiche? Sind Sie sicher?«
»Wieso denn nicht? Du hast sie doch selber... Entschuldigen Sie, eine Eiche, ja.«
»Sind Sie Förster? Oder Gärtner?«
»Mensch, Herbert, red doch keinen Quatsch.«
Streng blickte der Beamte.
»Wenn es nämlich ein Ahorn oder, besser noch, eine Pappel wäre, verstehen Sie...«, sagte er.
Der Antragsteller stutzte nur eine Sekunde.
»Ach sooo! Ach ja. Aber natürlich ist das eine Pappel.«
»Dann ändern Sie bitte den Antrag.«
»Danke, Herbert, danke!«
»Psst!«

# Big Eye

Anfang Februar '87 hat US-Präsident Ronald Reagan den Kongreß in Washington gebeten, die Gelder für eine chemische Bombe namens »Big Eye« (Großes Auge) freizugeben. Bisher war die Produktion wegen technischer Mängel der Waffe zurückgestellt worden. Diese Mängel sind nun behoben.

Ich kann die Freude des Präsidenten so richtig gut nachempfinden. Mir ist es doch neulich fast genauso ergangen, als mein Radiofachhändler mir die Mitteilung machte, daß er die neuen SI-C2-Boxen liefern kann, diese Super-Mini-Dinger, wissen Sie. Da hat Verena auch nichts begriffen und bloß gefragt: »Wozu brauchst du denn die nun noch?«

Genauso erging es dem Präsidenten, als er abends mit Nancy allein war:

»Hey, Darling, ist das nicht toll? Sie können in ein paar Monaten Big Eye liefern. Das muß ich einfach haben!«

»Was ist denn das nun wieder für'n Schnickschnack?«

»Liebling! Das ist die chemische Superbombe, das Neueste auf dem Markt! Hygienisch sichere Handhabung, rassig gestylt, hochfrequenzauslösesender, doppeltgemantelter Chromstahlinnentrichter! Und einen Wirkungsfaktor, sag ich dir — mindestens zwei Millionen BE. Das ist der Bhopal-Effekt, weißt du, aufregend, es kribbelt mir richtig!«

»Versteh ich nicht. Du hast doch schon so viel Atombomben, daß du nicht weißt, wo du die dafür benötigte 16fache Menschheit herkriegen sollst! Und dann noch dein SDI! Und nun wieder dieses Auge. Ist das nicht ein bißchen übertrieben?«

»Ach, Darling. Man kann doch so was nicht immer nur

zweckmäßig sehen. Mich fasziniert die Technik. Na gut, ich kann sechzehnmal die Welt in die Luft sprengen. Bumm, bumm! Aber das ist doch irgendwie langweilig. Mit so einer chemischen Bombe, weißt du, da geht das alles so schön leise, und die Leichen bleiben heil. Liegen nicht alle so verkohlt herum. Irgendwie ästhetisch!«

»Unsinn! Rausgeworfenes Geld ist das!«

»Liebling, ich könnte auch im Ernstfall eine ganze Weltuntergangssymphonie fahren. Bißchen A-Bomben, B-Bomben und hier und da — so als Akzent — ein Big Eye draufsetzen. Man braucht ja nicht alles auf einmal kaputtzumachen. Ich kann es dir auf dem Globus zeigen...«

»Ach, laß mich zufrieden. Ich bin jetzt müde. Kauf dir meinetwegen dein Big Eye. Aber mecker nicht wieder, wenn ich für meine Sitzungen bei meinen beiden Maskenbildnerinnen bloß zwei eigene Trockenhauben bestelle.«

»Aber nein, Liebling. Gute Nacht.«

## Wirklich unwirklich

Plötzlich stand meine Nachbarin Frau Liedke vor der Tür, in Tränen aufgelöst:
»Mein Mann ist tot.«
»Das ist eine unzulässige Betrachtungsweise, liebe Frau Liedke«, sagte ich. »Ich kann Ihnen gleich fünf Menschen nennen, die von der Gesundheit Ihres Mannes hundertprozentig überzeugt sind.«
»Ja, zugegeben«, sagte die Frau, »aber jetzt ist er tot. Der Arzt hat den Totenschein ausgestellt.«
»Auch Ärzte, liebe Frau Liedke, sind nun einmal auf ihre speziell medizinische Sicht der Wirklichkeit festgelegt. Ihre Aussagen sind darum von einseitigem Interesse geprägt.«
»Aber — er atmet nicht mehr. Er ist schon ganz kalt.«
»Na, sehen Sie: Diese Zustandsbeschreibung ist etwas ganz anderes als die Schwarzmalerei, er sei tot. Er hat schließlich 64 Jahre lang geatmet. Das sind, bei nur 20 Atemzügen pro Minute, nicht weniger als 672 Millionen Atemzüge. Da fällt es doch überhaupt nicht ins Gewicht, wenn er jetzt mal eine kleine Zeit damit aussetzt.«
»672 Millionen? So viele?« Frau Liedke war beeindruckt.
»Es ist falsch, immer gleich mit dem ersten spekulativen Anschein zu operieren.«
»Dann ist er vielleicht noch gar nicht tot?«
»Die Lebenserwartung der Menschen ist gerade in den letzten Jahrzehnten um mehr als 20 Prozent gestiegen. *Das* ist die Wirklichkeit, meine Liebe, und die bedeutet das Gegenteil von Tod.«
»Oh, ich danke Ihnen«, sagte Frau Liedke. »Woher haben Sie nur diese wundervolle Art, alles so positiv zu machen und viel schöner, als es mir vorkam?«

»Das habe ich von den verantwortlichen Männern der chemischen Industrie gelernt. Immer wenn sie nach einem Chemie-Unfall die Lage analysieren, wird mir klar, daß ich ganz einfach ein völlig falsches Wirklichkeitsverständnis habe.«

## Zauberlehrling '87

Hexenmeister, Märchenkleister!
Wunder tut die Wissenschaft!
Lehrling der Natur und Meister
bin ich durch des Geistes Kraft.
Ferne von Magie ist,
wer Erkenntnis hat.
Ha! Und Energie ist
gleich mc-Quadrat.

Masse Masse
ich erwecke
dich zum Zwecke
mir zu dienen!
Unerschöpfliche nun lasse
rasen Räder und Turbinen!

U238,
Isotop ist anzufüllen.
Auch die rechte Menge weiß ich.
Nun gehorche meinem Willen.
Sprenge nun und spalte
mit dir selber dich.
Kernreaktion walte
und der Herr bin ich.

Masse Masse
ich erwecke
dich zum Zwecke
mir zu dienen!
Unerschöpfliche nun lasse
rasen Räder und Turbinen!

Seht nur, diese Glut der Hölle!
Kern mit Kern — sie reagieren!
Dieser Urkraft wilde Quelle —
ich vermag sie zu regieren.
Und für alle Zeiten
reicht der Brennstoff aus.
Hab für Ewigkeiten
Energie im Haus.

Steh nun, stehe!
Denn wir haben
auch die Gaben
abzuschalten.
Weh! die Kühlung!
Was ich sehe!
Kann den Kesseldruck nicht halten.

Schnell das Notsystem einschalten!
Doch Betriebsalarm soll schweigen.
Spaltvorgang nicht aufzuhalten.
Kernbrenntemperaturen steigen!
P-Druck steigt nach Rot an.
Knallgas-Werte stehen.
Der Fall war im Notplan
gar nicht vorgesehen.

Nein, nicht länger
hält die Hülle!
Die Ventile
handangleichen!
Ach, nun wird mir immer bänger!
Strahlen-Tod und Gift entweichen.

Oh, du Ausgeburt der Hölle!
Soll der ganze Kern zerschmelzen?
Seh' ich über jede Schwelle
schon die Höllenglut sich wälzen.
Ein verruchter Ofen,
der nicht ausgehn will!
Ist nichts mehr zu hoffen.
Stehe Glut, steh still!

Will am Ende
dieser Klumpen
sich nach unten
brennend bohren?
Durch Beton und Eisenwände!
Er sinkt ein! Wir sind verloren!

Instrumente ausgefallen
Fort, nur fort! Laßt alles liegen.
Leitungen und Kessel knallen!
Es wird auseinanderfliegen!
Dieses Ungeheuer!
Ach, es bricht entzwei!
Radioaktives Feuer
wehe, es ist frei!
Wehe! wehe!

Tausend Schalen,
Todesstrahlen
sich erheben,
unsichtbare, in die Höhe!
Flieh im Umkreis alles Leben!

Und sie laufen! Jeder möchte
retten noch das eigene Leben.
Helft uns, ach ihr hohen Mächte!
Aber Götter kann's nicht geben.
Ach, da kommt kein Meister.
Meine Not ist groß!
Die ich rief, die Geister —
ich werd sie nicht los.

## Spitzenhäubchen und Becquerel

**Hermine** (packt aus): Rinderfilet.

**Hermann:** 480 Becquerel. Da ist Cäsium drin. Noch besser wär, du kaufst Wild. Kannst du ja denn ab morgen machen.

**Hermine:** Jetzt mach ich erst mal drei schöne Steaks daraus. War so schön preiswert.

**Hermann:** Und was dazu?

**Hermine:** Pilze aus Polen.

**Hermann:** Hohohoho. Die müssen ja fast leuchten.

**Hermine:** Sehen aber lecker aus. Und fast geschenkt. Dann dacht ich Erdbeeren — und ganz frische Milch aus Bayern.

**Hermann:** Warte mal. Erdbeeren aus dem Osten — sagen wir mal: 320. Und wenn es wirklich frische Milch ist, können wir bis auf 100 Becquerel kommen. Das läppert sich.

**Hermine:** Spinat könnte ich ihm auch noch dazumachen, unserm allerliebsten Schwiegersohn. Mit tschechischen Tomaten ...

**Hermann:** 280 Becquerel. Mit Cäsium-137. Das ist besonders gut. Alles Blattgemüse ist gut. Da ist das gemeine Cäsium drin.

**Hermine:** Na bitte: Kopfsalat. Der war schon zum Unterpflügen gedacht. Ich sag dir, Hermann, ist gar nicht so einfach, die verstrahlten Sachen zu kriegen. Mit einem Mal hat der Gemüsemann nur noch Treibhausware. Aber ich hab nicht lockergelassen. Da hat er gesagt: Na, gut, weil Sie das sind, Frau Solbeck, als alte Kundin, eigentlich darf ich das nicht. Hat aber alles aus derselben Kiste genommen. Und Petersilie kann er empfehlen, sagt er.

**Hermann:** Petersilie ist gut. Hat auch noch jede Menge Schwermetalle.

**Hermine:** Und wie lange dauert das? Bis er was merkt, mein ich.

**Hermann:** Mußt rechnen zwanzig Jahre.

**Hermine:** Hat sein Körper das denn bis dahin nicht lange verdaut?

**Hermann:** Nee, das ist ja das Gemeine. Dies Cäsium zum Beispiel, das lagert sich in seinen Knochen ab, und dann strahlt das 30 Jahre, 60 Jahre in ihm rum. Aber dann ist er schon weg. Weil: Das macht die kleinen Zellen kaputt. Erst langsam und denn immer mehr. Wird er nie wieder los.

**Hermine:** Aber zwanzig Jahre ist lange. Wir haben dann nichts mehr davon.

**Hermann:** Das ist ja grad das Gute, Hermine. Darum

können wir ja in aller Ruhe mit ihm am Tisch sitzen und zusammen mitessen. »Na, schmeckt's, Roland?« Und er hat keinen Argwohn. Kommt er ja nicht drauf, daß uns das nix mehr ausmacht. In zwanzig Jahren bin ich 95. Das schaff ich sowieso nicht.

**Hermine:** Roland, unser geliebter Schwiegersohn, ist dann 48, wenn er stirbt.

**Hermann:** Ja. Aber Christel ist dann erst 39. Dann kann sie noch was anfangen mit ihrem Leben.

**Hermine:** Wenn er sie bis dahin nicht totgeschlagen hat.

**Hermann:** Nein. Er wird ja nun auch immer schwächer durch die Strahlen.

**Hermine:** Was meinst du, wir könnten das doch in unser Testament schreiben: Dafür, lieber Roland, daß du Christel, unsern Augapfel, so gemein betrogen hast mit deinen billigen Weibern, dafür, daß du sie geschlagen hast und das Geld in die Kneipe getragen — dafür haben wir dir im Jahre '86, eine Woche nach Tschernobyl, 14 Tage lang das Essen gekocht. Hat doch gut geschmeckt, Roland, nicht wahr? Alles in allem enthielt es mindestens — wieviel von diesem Cäsium, Hermann?

**Hermann:** Millirem, Hermine. Na, ich würde sagen, da kommen wir auf — so auf die 40000. Das langt fürs erste. Kommt ja auch immer noch was dazu.

**Hermine:** Er hat mein Kind zugrunde gerichtet! Jetzt will ich ihn bekochen ...

**Hermann:** Wenn er nicht vorher angerufen hätte: Kauft um Himmels willen nichts Verstrahltes — dann wären wir gar nicht drauf gekommen.

**Hermine:** Ist das nicht schön, Hermann? Nun hat die Wissenschaft endlich mal was erfunden, wo nur wir alten Leute einen echten Vorteil von haben!

## Greenpeace ist schuld!

»Ich will Ihnen sagen, wer schuld war an der Giftkatastrophe im Rhein!«
Mein seltsamer Bekannter, Herr Z., sprach auf unserem Spaziergang geradezu leidenschaftlich. »Greenpeace war schuld. Die wachen da mit Argusaugen über die Nordsee. Wenn sich nur von ferne ein Verklappungsdampfer zeigt, schon sind sie zur Stelle mit ihren Schlauchbooten, und die armen Leute von der chemischen Industrie müssen wieder umkehren mit ihrer giftigen Fracht.
Also — was sollen sie machen? Ich kann genau sagen, was sich zum Beispiel bei BASF abgespielt hat. Als die mutigen Sandoz-Leute in einer geradezu selbstmörderischen Pioniertat die erste große Welle abgelassen hatten, hörte man bei BASF den Ruf: ›Es ist soweit! Endlich ist die Gelegenheit da. Macht auf das Rohr! Laßt die Brühe ab! Jetzt fällt es nicht mehr so auf!‹
Und so war es bei Geigy, so war es bei Hoechst und Bayer. Tag für Tag. Nacht für Nacht haben sie gelauert, ob irgendwo was passiert. Sie haben stündlich Wasserproben entnommen. Aber, verdammt noch mal, der Fluß war immer noch zu sauber. Bis die Stunde schließlich da war. ›Wenn wir jetzt nicht unsere Soße ablassen, dann sitzen wir nachher noch als einzige auf unserem Gift. Und dann können wir wieder sehen, wie wir als einzige an Greenpeace vorbei in die Nordsee kommen!‹«
»Sie sind ein Zyniker, Herr Z.!« sagte ich.
»Ich ein Zyniker? Nur, weil ich wenigstens noch nach einer begreifbaren Motivation dieser Chemie-Menschen suche? Wenn es nämlich anders sein sollte: Wenn

alle diese Vorfälle auf reiner Profitgier, Verachtung der Natur und Rücksichtslosigkeit beruhen — wissen Sie, was ich dann zynisch fände? Daß die Verantwortlichen der Firmen noch immer nicht im Zuchthaus sitzen!«

## Chemie-Terroristen!

Wenn man als Satiriker einmal ehrlich begeistert von der Polizei ist — na, da muß schon was Besonderes passiert sein. Ist es auch.

Hermann Lutz, der Vorsitzende der Gewerkschaft der Polizei, hat die großen Umweltverschmutzer mit Terroristen verglichen. Er vermisse aber, sagt er, daß die Umweltkriminalität mit derselben Eile und Strenge verfolgt werde wie der Terrorismus! Und das Schlimmste, so sagt Lutz: Während man die Terroristen als »natürliche Personen« verfolgen kann, läßt sich das Strafrecht auf »juristische Personen«, also Firmen, nicht anwenden. Darum kommen Umweltverschmutzer, die die Gesundheit von Hunderttausenden gefährden, immer wieder straffrei davon. Lutz verlangt daher, daß auch in der Umweltkriminalität der Begriff des »Organisationsdelikts« eingeführt werde.

Der Mann hat Mut, finde ich. Mit einem Mal wäre z. B. Bayer nach der Gifteinleitung nicht mehr nur einfach so eine Firma — sondern auch gesetzlich: eine kriminelle Vereinigung.

Und jetzt stellen Sie sich vor, das Gesetz ist in Kraft: »Terroristen-Fahndungs-Leitung an Anti-Terror-Kommando Leverkusen. Die kriminelle Vereinigung Bayer tritt zu konspirativer Sitzung zwecks Planung neuer Ter-

roranschläge zusammen. Sog. Aufsichtsratssitzung. Alle Terroristen verhaften.«
Zwanzig Minuten später stürmen die Männer des Anti-Terror-Kommandos das Bayer-Verwaltungsgebäude. Der Pförtner ruft noch: »Sind Sie denn angemeldet?« Da sind sie schon in der Direktionsetage. »Sekretärinnen hinlegen!« Die Tür zum Sitzungssaal wird aufgestoßen. MP im Anschlag, stürmt die Polizei herein. »Meine Herren, ich muß doch bitten . . .«, stottert der weißhaarige Vorsitzende. »Alle bis auf die Unterhosen ausziehen!« ruft die Polizei.
Und dann werden sie abgetastet: nach versteckten Kugelschreibern, mit denen sie Kohlenwasserstoff-Einleitungen genehmigt haben, nach Kopien von Anweisungen zum Schwermetalle-Ableiten, nach gefälschten Schadstoffzahlen! —
Und scharf bewacht, in Unterhosen, werden die Terroristen abgeführt. Ein Hauptabteilungsleiter ruft: »O Gott, Herr Direktor!« — Das ist ein Sympathisant. Auch abführen.
Ach, wäre das schön! Und dann kommen sie alle dran, die Terroristennester bei Boehringer, BASF, Hoechst, Ciba-Geigy, Merck usw. Und eine Fahndungsliste kommt heraus (die Liste der Aufsichtsräte) — und man könnte sich die Gesichter der Verbrecher einprägen.
Ach, lieber Hermann Lutz. Schon für den Vorschlag verspreche ich: Ich zahl jetzt immer pünktlich meine Bußgelder.

# Naturschädlinge

Monikas Nachbar, Herr Eckelmann, versteht die Welt nicht mehr.
»Ein Naturschädling soll ich sein? Ausgerechnet ich?!«
Junge, Junge, das hat Herrn Eckelmann ganz schön umgehauen.
Und so hat die Geschichte begonnen: Vor einem Jahr stand Eckelmann vor Monikas Haustür:
»Frau Seebold, so geht das nicht mehr weiter! Sie mähen Ihren Rasen nicht. Dadurch wächst das Unkraut, und die Samen von Ihren Hundeblumen wehen zu mir rüber. Außerdem schneiden Sie Ihre Hecke nicht. Eine anständige Hecke muß geschnitten werden. Ihre Tannen überschreiten die vorgeschriebene Höhe und werfen zuviel Schatten! Ich muß Sie bitten, Ihren Garten besser in Ordnung zu halten, bevor ich andere Maßnahmen ergreife!«
Monika war fix und fertig gewesen. Sie hatte sich so wohl gefühlt in ihrem »verwunschenen« Paradies, wie die es immer nannte. Sie liebte die Hundeblumen, die Pusteblumen. Sie freute sich an den verschiedenen Gräsern und Kräutern, die auf ihrem ungemähten Rasen wuchsen. Und die Tannen — ja, die Tannen, die wachsen eben. Das ist die Natur!
Den ganzen Winter über fürchtete Monika sich vor dem Frühling. Sie unterhielt sich mit Freunden darüber und las einiges zu dem Thema.
So ging Monika in diesem Jahr — als die Hundeblumen gerade blühten — zum Gegenangriff über. Sie klingelte bei Eckelmann. Und sie sprach so:
»Herr Eckelmann, so geht es nicht mehr weiter! Ihr typischer deutscher Hausgarten ist ein Raubbau an der

Natur! Sie rasieren Ihren Rasen, daß nicht ein fremdes Gräschen, keine Blume und kein Kräutchen übrigbleiben. Insekten, Schmetterlinge, Käfer können nicht gedeihen in so einem Garten! Ihre Hecke beschneiden Sie nach geometrischen Gesichtspunkten, die in der Natur nie vorkommen. Damit nehmen Sie den Vögeln die Möglichkeit, ihre Nester zu bauen. Sie beschneiden Ihre Bäume, als wenn es Telegrafenstangen wären. Wissen Sie, daß in der Bundesrepublik eine Fläche von der Größe Schleswig-Holsteins von Gartenbesitzern wie Ihnen für die Natur unbrauchbar gemacht wird? Vögel, Schmetterlinge — alles Kleingetier braucht die Wildkräuter, die für Sie nur ›Unkraut‹ sind, das Sie wie ein Berserker ausrotten. Schämen Sie sich, Herr Eckelmann. Sie und die meisten ordnungsbesessenen Kleingartenbesitzer sind Naturschädlinge!«
Drehte sich um und ließ einen verstörten Mann zurück.
— Herr Eckelmann versteht die Welt nicht mehr.

## Eines Tages

»Wenn meine Frau mal nicht mehr sein sollte, dann hau ich ab!« sagte Bernhard mindestens zweimal die Woche beim Frühstück zu seinen Kollegen. »Ich kauf mir ein Wohnmobil. Dann fahr ich übern Balkan nach Indien und in die ganze Welt. Ich glaub, ich komm nie wieder!« Bernhard war Sachbearbeiter im Einwohnermeldeamt. »Wenn Olga, meine Frau, nicht so krank wär, würde ich ein anderes Leben führen. Zum Beispiel würde ich sofort hier die Sachen hinwerfen. Würde unser Haus verkaufen und den Schrebergarten, und dann

würde ich abhauen. Im Wohnmobil. Erst über Indien und dann in die ganze Welt ...«
Bernhard rauchte nie Zigaretten. Er schnupfte Tabak. »Das mache ich nur wegen Olga. Sie kann den Rauch nicht vertragen. Aber wenn Olga mal nicht mehr sein sollte, dann, das sag ich euch: Dann hau ich ab ...« Am Wochenende rackerte sich Bernhard immer in seinem Schrebergarten ab.
»Ich kann euch gar nicht sagen, wie ich die Gartenarbeit hasse! Das mache ich nur wegen Olga. Die braucht den Garten wegen ihrer Krankheit. Wenn Olga mal nicht mehr sein sollte, dann verkaufe ich den Garten, und dann hau ich ab ...«
Felix war der Hund von Bernhard.
»Den Köter kann ich nicht ausstehen. Der stinkt und ist verwöhnt. Aber Olga hängt an ihm. Was soll ich machen? Wenn Olga mal nicht mehr sein sollte ...«
Und dann eines Tages starb Olga wirklich. Zwei Wochen kam Bernhard nicht aufs Amt. Die Kollegen waren gespannt. Würde Bernhard überhaupt wiederkommen? Dann endlich saß er wieder an seinem Arbeitsplatz.
Die Kollegen warteten noch ein bißchen ab — sie wollten ja nicht taktlos sein. Aber dann, als nach Tagen immer noch nichts Entscheidendes von Bernhard zu hören war, fragten sie:
»Na, Bernhard, hast du deinen Schrebergarten schon verkauft? Geht's bald auf die große Reise?«
»Ja, das sagt sich so leicht«, sagte Bernhard. »Den Schrebergarten verkaufen. Ich kann dir gar nicht sagen, wie gern ich das machen würde. Aber ich hab Olga doch versprochen, die Rosenbeete zu pflegen. Damals, als sie so krank war! Du brauchst dir um deine Rosen keine Sorgen zu machen, ich verspreche es dir, hab ich

gesagt, ich weiß, wie sehr du deine Rosen liebst, selbstverständlich werde ich für sie sorgen.«

Da waren die guten Kollegen natürlich einigermaßen enttäuscht. Und nun fingen sie an, Bernhard etwas bohrendere Fragen zu stellen.

»Sag mal, Bernhard, jetzt könntest du es dir doch eigentlich leisten, mal 'ne Zigarette zu rauchen und kannst auf deinen Priem verzichten?«

»Ja, natürlich. Aber weißt du — was man sich mal angewöhnt hat. Ich habe mir eben angewöhnt, Tabak zu schnupfen, wegen Olga. So etwas wird man nicht so von heute auf morgen wieder los.«

Dann wurden die Kollegen direkt: Wann er denn nun endlich kündigen wolle? Er habe doch immer gesagt, er wolle über den Balkan nach Indien, warum er denn das Haus nicht verkaufe?

Bernhard sah seine Kollegen abgeklärt und traurig an: »Das Haus verkaufen! So etwas kann man so leicht dahersagen. Will mir mal jemand erzählen, wo der Hund dann bleiben soll? Der war doch Olgas ein und alles.

Auf die Reise kann ich ihn auch nicht mitnehmen. Dazu gibt es viel zu strenge Bestimmungen. Na ja, und jetzt kündigen, gut, ich habe ja daran gedacht, aber — in dem Punkt hatte Olga doch recht: Soll ich mir jetzt die schöne Pension verscherzen? Das hab ich ihr versprochen, daß ich nichts Unüberlegtes tu.
Aber ihr braucht gar nicht so zu grinsen. Eines Tages, das sag ich euch, da hau ich ab. Da kauf ich mir ein Wohnmobil, und dann fahre ich über den Balkan nach Indien und in die ganze Welt. Und ich sag euch, ich komm nie wieder!«

## Caruso for ever

Opa Möller ist traurig. Ich besuchte ihn gestern in seiner Wohnung. Caruso schmetterte irgendeine Arie durch die Wohnung. Sie kam aus dem uralten Schalltrichter von Opas uralter Schellackplatte auf dem uralten Plattenspieler mit Federaufzug.
»Ich kann ihn nicht mehr hören, den Caruso. Ich brauche endlich einen neuen Plattenspieler!«
»Kein Geld, Opa Möller?«
»Ach was! Mein Sohn ist schuld. Das fing schon gleich nach dem Krieg an. Ich sagte zu ihm: Paul, ich will jetzt auch so einen Plattenspieler mit Elektromotor und Lautsprecher. Da sagte Paul: Bloß nicht, Vater. Ich habe mir so einen gekauft. Schade um das schöne Geld. Im halben Jahr kommen ganz neue Geräte raus. Mit Plattenwechsler. Für große und kleine Platten!
— Na, gut, ich warte 'ne Zeit. Dann sag ich wieder zu

Paul: Jetzt kaufe ich mir so einen Plattenspieler mit Wechsler! —
Bloß nicht, Vater, sagte Paul. Wär doch rausgeworfenes Geld. Jetzt kommt Stereo. Und die neue Mikrorille!
Also gut. Ich warte noch 'ne Zeit. Immer mit meinem Schellackplatten-Caruso. Dann sag ich zu Paul: So 'n Stereogerät will ich jetzt haben. Mit Saphir. So 'n modernen Sound. Mit 80 Watt auf jeder Box!
Bist du verrückt! sagt Paul. Jetzt kommt doch Quadro! HiFi-Raumklang! Das Neueste auf'm Markt. Alles andere kannst du wegwerfen. Was hast du schon für Geld gespart, Vater!
Na gut — ich hab noch 'ne Zeit gewartet. Immer mit meinem Caruso auf Schellack. Aber dann — Ende der siebziger Jahre. Ich sag zu Paul: Ich kauf mir jetzt Quadro. Raumklang. Elektronischer Tonabnehmer!
Vater! sagt Paul. Warte nur noch ein Jahr! Ich sage dir:

CD ist das Größte! Das absolute Klangerlebnis. Karajan schwört auch auf CD!
Na gut, denk ich. Wenn ich ihn nicht so oft spiel, hält mein Caruso vielleicht noch bis zur CD.
Und jetzt gestern bin ich los. Ohne Paul was zu sagen. Hier sind 15 000 Mark, sag ich zum Verkäufer. Hab ich alles gespart. Jetzt mal her mit CD! Aber Super-Luxus mit allen Schikanen!
Da sagt der Verkäufer: Mann, seien Sie doch nicht blöd. Sparen Sie mal das schöne Geld. Jetzt kommt DAT Digital total. Ein Wahnsinn! Von den Japanern. Die Deutschen blockieren nur noch den Markt. Aber in einem Jahr können Sie CD wieder wegwerfen.
Und nun sitz ich hier wieder. Ich hab so Angst, daß mein Caruso das nicht mehr durchhält!«

## Die Tradition des C

---

»Sie wundern sich, daß die CSU sich über Norbert Blüm erregt?« fragte mich mein seltsamer Bekannter Herr Z. bei unserem gestrigen Telefongespräch. »Dann müssen Sie die Dinge einmal historisch betrachten.«
Norbert Blüm ist immerhin Vertreter des abendländischen C. Seine Partei trägt das hohe C in ihrem Namen. Blüm hat sich aber absolut nicht in der Tradition dieses C verhalten.
Betrachten wir die Geschichte: Vor fast 500 Jahren, am 12. 10. 1492, betraten die Christen des Abendlandes die neue Welt. Sie fanden dort Lebewesen vor, die sie Indios nannten. Wir sind Christen, sagten die Christen, wir bringen euch Liebe, Nächstenliebe und Menschlichkeit!

Und fingen sogleich an, die Ureinwohner zu jagen, totzuschlagen und zu berauben.
Die Vertreter des großen C stritten in den ersten 45 Jahren nach Entdeckung der neuen Welt, ob die Indios überhaupt Menschen seien. In der Schöpfungsgeschichte des Alten Testaments gab es ja keine Erklärung für diese Wesen. Erst 1537 erklärte Papst Paul III. in einer Bulle gnädig, daß es sich bei den Indios um Menschen handele.
Das bedeutet natürlich, daß diese neuernannten Menschen auch zum rechten Glauben gebracht werden mußten. Und nun legten die Vertreter des großen C erst richtig los:
Auf ihren Eroberungszügen versklavten sie die ungläubigen Indianer, sie zerstörten ihre Bauwerke und ermordeten die, die sich ihnen zur Wehr setzten. Sie hinterließen Elend und Krankheit — alles im Namen des großen C. Und so ging es weiter durch die Jahrhunderte!
Wenn ein Christ ins Land kommt und redet von Liebe und Menschenrechten, dann bedeutet das Mord und Unterdrückung — das ist das natürliche Verständnis der Ureinwohner von der Tradition des großen C.
Datum wunderte sich auch niemand, als Franz Josef Strauß vor zehn Jahren zu General Pinochet sagte: ›Sorgen Sie dafür, daß die Freiheit in Ihrem Lande erhalten bleibt.‹ Damit meinte Strauß natürlich Unterdrückung, Folter, Diktatur. Ganz in der Tradition des großen C. Strauß ist eben ein traditionsbewußter Mensch.
Nun aber kommt dieser Norbert Blüm in das Land — auch als Vertreter des hohen C —, redet von Menschenrechten — und meint tatsächlich Menschenrechte! Na hören Sie mal — da muß doch jeder begreifen: Der Mann hat kein historisches Bewußtsein!
Wundern Sie sich immer noch, daß die CSU sich aufregt?«

# II

# DAS GROSSEXPERIMENT

## Sprachliche Vergangenheitsbewältigung

Als einmal der bundesdeutsche Kanzler Helmut Kohl die DDR mit einem KZ verglich, ging eine Welle des Protestes durch das Land. »Geschmacklos« und »instinktlos« waren noch die mildesten Vorwürfe, die er zu hören bekam.

Niemand jedenfalls wußte zu würdigen, daß Helmut Kohl damit als erster CDU-Politiker die Vergangenheitsbewältigung wirklich ernst nahm. Was andere mühsam mit Geschichtsklitterung, Verharmlosung oder Vertuschung versuchten, das versuchte Helmut Kohl erstmals mit einer genialen Methode des einmalig unbeschwerten Sprachgebrauchs.

»Was kann denn so ein harmloses Wort wie Konzentrationslager dafür«, so muß sich der deutsche Bundeskanzler gesagt haben, »daß es nun schon seit über 40 Jahren bei fast allen Menschen Assoziationen von grauenvollem Sterben und Leiden, bestialischen Folterungen und in der Geschichte einmaliger organisierter Massenvernichtung hervorruft? Das Wort Konzentration ist doch ein ordentliches Wort. Das Wort Lager doch erst recht. Es könnte doch auch menschlich geführte Konzentrationslager geben.«

Man sieht hieraus, man braucht gar nicht das Herz, die Seele, den inneren Menschen zu bemühen, um mit der deutschen Vergangenheit fertig zu werden. Dazu braucht man nur einen unmenschlich sachlichen Sprachgebrauch. Mir wurde damals klar: Dieser Methode könnte sich eigentlich jeder bedienen. Der konsequente, sprachlich begründete Direktvergleich. So könnte man dann mit demselben Recht zum Beispiel sagen:
Der Nazi-Richter Freisler war ein Mensch. Der Generalsekretär der CDU, Geißler, ist auch ein Mensch. Also haben sie doch irgendwo etwas gemeinsam. Wer will das bestreiten?
Hurra! Der Weg zur Geschichtsnormalisierung wäre frei. »Verbringen auch Sie Ihren Lebensabend in Dachau!« So kann nun endlich das private Altersheim in Dachau werben. Wem dabei ein Schauer über den Rücken läuft, der hat noch nichts von dem neuen sachlichen Sprachgebrauch unseres Kanzlers gehört.
Nach dieser Methode ist eine Gaskammer eben — eine Gaskammer. Sauerstoff ist auch ein Gas. In Kammern und Zellen ist Sauerstoff. Also: Wer wollte bestreiten, daß in der DDR Gefangene in Gaskammern geschickt werden?
Jedermann weiß: Störungen des Geistes gibt es viele. Ein bißchen geistesgestört ist vielleicht jeder. Nicht nur, wer hin und wieder mal einen Blackout hat. Man kann gerade Geistesgestörte sehr liebhaben. Wer wollte also etwas daran aussetzen, wenn ich nach konsequentem Sprachgebrauch sage: Wir haben einen freundlichen, geistesgestörten Kanzler?

## Schreckliche Unordnung

Im Januar 1986 ging eine sensationelle Meldung durch die Presse, die aber offenbar niemand so recht glauben konnte: 96 Cruise-Missiles waren verschwunden. Im Nato-Hauptquartier in Brüssel ergab die Inventur der Atomraketen ein Defizit von genau 96 Stück. Die Meldung war keineswegs eine Ente.

Der damalige Oberbefehlshaber General Rogers mußte zugeben, daß erst einmal eine großangelegte Rückfrageaktion bei allen Verbündeten notwendig war, um herauszufinden, wo diese 96 Cruise-Missiles geblieben waren.

Ich kann mir vorstellen, wie peinlich diese Angelegenheit für den Oberbefehlshaber der Nato war. Ich kenne das Theater nämlich aus eigener Erfahrung — von der Suche nach meiner Brille.

**General Rogers:** Marilein, Darling, ich kann meine 96 Atomraketen nicht finden. Hast du eine Ahnung, wo ich sie hingelegt haben könnte?

**Mrs. Rogers:** Ach nein, Liebling, nicht schon wieder! Paß doch besser auf deine Sachen auf!

**General Rogers:** Ich war ganz sicher, daß sie auf dem Lager sind. Aber da sind sie nicht mehr.

**Mrs. Rogers:** Hast du schon im Bad nachgesehen?

**General Rogers:** Ja, Liebling, da sind sie auch nicht. Auch die Lkws haben wir alle durchsucht. Nichts zu finden! Das ist sehr, sehr unangenehm.

**Mrs. Rogers:** Dann denk doch mal nach. Wo legst du denn normalerweise deine blöden Atomraketen immer hin?

**General Rogers:** Ich habe 64 an Großbritannien gegeben, 16 nach Belgien, 16 nach Deutschland und, warte mal, ich glaube, noch 16 nach Sizilien. Sind 112. Aber wo habe ich die restlichen 96 gelassen?

**Mrs. Rogers:** Du hast doch neulich mit dem Präsidenten Whisky getrunken. Hast du vielleicht welche bei ihm liegengelassen? Du läßt doch sowieso immer alles liegen, wenn du außer Haus bist.

**General Rogers:** Nein, nein, Liebling, das hätte er mir doch gesagt.

**Mrs. Rogers:** Vielleicht hat er sie Khomeini zugesteckt, wer weiß?

**General Rogers:** Ach, ich bin ganz aufgeschmissen. Die sind teuer, die Dinger.

**Mrs. Rogers:** Ich gebe dir einen Rat: Klopf ordentlich deinen Anzug aus. Kipp deine Aktentasche um, sieh mal hinter dem Schreibtisch nach, und wenn es irgendwo einen großen Knall gibt und eine Stadt in die Luft fliegt, da werden auch die anderen 95 rumliegen. Schrecklich, deine Unordnung.

## Kriegstauben

---

Aus dem Protokoll einer Landtagssitzung des nördlichsten Bundeslandes:
Der Kultusminister beantwortet die kleine Anfrage für die Landesregierung wie folgt:
Ein von Schülern im Gymnasium Elmschenhagen hergestelltes Kunstwerk — eine Friedenstaube auf blauem Grund — ist auf Anweisung des Kultusministeriums wegen des politischen Inhalts der Arbeit — Symbol der Friedensbewegung — entfernt worden.
[Szene]

*(Minchen kommt mit ihrem Ranzen und wirft ihn wütend in die Ecke.)*

**Minchen:** Gemein ist das. Gemein!

**Vater:** He, was soll das, Minchen?

**Minchen** (mault)

**Vater:** Was ist los? Hast du ’ne Sechs mit nach Hause gebracht?

**Minchen:** Ich darf keine Tauben malen.

**Vater:** Was sagst du da? Nun komm, erzähl schon.

**Minchen:** Und dabei hab ich doch gar keine Tauben gemalt.

**Vater:** Was hast du denn nun gemalt? Du kannst doch gar nicht malen.

**Minchen:** Ich hab ein Huhn gemalt. Ein weißes Huhn. Vor einem blauen Himmel. Hertha hab ich gemalt. Du weißt doch: von unserm Urlaub auf dem Bauernhof. Und da hat Herr Behrwald gesagt: Das kommt in seinem Unterricht nicht in Frage. Er will keinen Ärger haben, hat er gesagt. Und wer mir so was beigebracht hat!

**Vater:** Moment mal, Minchen. Was ist das? Du hast ein Huhn gemalt?

**Minchen:** Ich hab Hertha gemalt. Ich hab keine Taube gemalt.

**Vater:** Aber dein Lehrer hat es für ’ne Taube angesehen?

**Minchen:** Er hat mich angeschimpft: Jetzt geht das schon in der dritten Klasse los! Er kriegt es mit dem Direktor zu tun. Denn der Direktor hat einen Brief von einem Mister . . .

**Vater:** Minister. O Gott, o Gott. Vom »Minister« hat er gemeint. Vom Kultusminister. Das Kind hat eine Friedenstaube gemalt. An einer Schule in Schleswig-Holstein hat es einen Riesenkrach gegeben — wegen eines Taubenreliefs. Weiße Taube auf blauem

Grund. Elternbeirat. Kultusminister. Landrat. In Westdeutschland, hab ich selber gelesen!, haben Jugendliche ihr Jugendzentrum mit einer Friedenstaube bemalt. Großer Skandal! Die machen sich unglücklich! Statt an die Zukunft zu denken.

**Minchen:** Das kommt alles, weil Herr Behrwald mich nicht mag. Lilo Wullenweber ist sein Liebling. Die darf alles malen …

**Vater:** Die malt auch keine Friedenstauben. Minchen, immer machst du solche Sachen! Ich kann den Lehrer ja verstehen. Der hat einfach Angst — wegen deiner blöden Friedenstaube.

**Minchen:** Nein, nein, nein! Ich hab keine Taube gemalt. Jetzt sagst du das auch. Keiner glaubt mir.

**Vater:** Minchen! Friedenstauben, verstehst du, sind ein Symbol der Friedensbewegung. Die sehen sowieso wie ein Huhn aus. Aber die Friedensbewegung …

**Minchen:** Hertha.

**Vater:** Die Friedensbewegung ist eine Bewegung für den Frieden. Aber die Regierung ist auch für den Frieden. Die Friedensbewegung ist aber gegen die Regierung, die für den Frieden ist. Also ist die Friedensbewegung eine Bewegung gegen den Frieden der Regierung.

**Minchen** (schluchzt): Sie läßt die Regierung nicht zufrieden?

**Vater:** Wie? Ja.

**Minchen:** Ich wollte ja erst Paula malen, die Sau.

**Vater:** Ja, dann tu das doch in Zukunft. Und laß die verdammten Tauben in Frieden. Die Friedenstauben. Denn eine Friedenstaube, die eine Friedenstaube einer Friedensbewegung ist, die den Frieden der Regierung nicht in Frieden läßt, *ist* keine Friedenstaube! Begreift das Kind das denn nicht?

**Minchen:** Es sollte doch ein Huhn sein, Papa. Hertha, Papa . . .

**Vater:** Minchen! Solche Hühner, die du zeichnest, die aussehen wie Tauben, muß dein Zeichenlehrer für Friedenstauben halten. Und Friedenstauben einer Friedensbewegung, die mit der Regierung auf Kriegsfuß steht, die also sozusagen eine Kriegsbewegung ist, sind keine Friedensbewegungsfriedenstauben sondern eigentlich Kriegsbewegungskriegstauben. Und darum hat euer Zeichenlehrer Angst, daß der Kultusminister euren Direktor verhaftet.

**Minchen** (heult)

**Vater:** Hör mal, Minchen. Laß die Finger von den Tauben. Denk an deine Zensuren.

**Minchen:** Ich hab doch nur ein Huhn gemalt!

**Vater:** Dann laß auch die Finger von den Hühnern.

**Minchen:** Ich hab Hertha doch so liebgehabt . . .!

**Vater:** Wenn sie aber aussieht wie 'ne Taube und alle Tauben wie Friedenstauben — sind alle Tauben und alle Hühner verdächtig. Und du malst gefälligst Autos oder Flugzeuge oder Panzer — jedenfalls was Friedliches!

## Geheimtip

---

Mein seltsamer Freund — Sie wissen schon: der gewisse Herr Z. —, also, was er mir jetzt wieder erzählt hat . . . Wir sitzen in unserer kleinen Kneipe. Da zieht er einen Prospekt aus der Tasche. Hochglanzdruck. Gediegen aufgemacht. Vorn steht die Schlagzeile: »An die Zukunft denken. Ihr Grundstück in den USA«.

»Hat mir mein Anlageberater empfohlen«, sagt Herr Z. leise. »Geheimtip. Ich hab' zwei Parzellen gekauft. Eine in Nevada. Dort entsteht ein Riesenfreizeitpark. Und eine Parzelle in Florida. Da bohren sie nach Öl. Tolles Projekt.«
Ich sehe meinen Bekannten ungläubig an.
»Mann, Z.«, sage ich, »Sie waren doch sonst immer so vorsichtig. Haben Sie noch nie was von Immobilien-Haien gehört? Das weiß doch jedes Kind, daß solche Grundstücke nicht die Urkunde wert sind, die Sie dafür kriegen. Ölfelder. Daß ich nicht lache. Da sind schon Hunderte drauf reingefallen. Die verkaufen Ihnen da irgendein Stück Sumpf, wo man kaum hinkommt. Und ein Stück Wüste in Nevada. Fern von aller Zivilisation. Und für so was dürfen Sie dann auch noch Grundstückssteuern und allerhand Abgaben bezahlen!«
Aber Herr Z. grinst vor sich hin. Dann rückt er näher. »Das ist doch gerade der Geheimtip«, flüstert er. »Der wahre Grund ist doch ein anderer.« Und er rückt noch näher und flüstert kaum vernehmbar: »S-D-I!«
»Was hat denn SDI mit Immobilien zu tun?«
»Ganz einfach. Jetzt kriegt man noch günstig ein paar Quadratmeter Land in den USA. Aber wenn SDI erst fertig ist — was meinen Sie, was dann für ein Run auf die Grundstücksbörse einsetzt!«
»Aber warum denn?«
»Na, Mensch. SDI — der Schutzschirm vorm Atomkrieg. Natürlich nur für Amerika. In Europa kriegst du dann keine müde Mark mehr für den Quadratmeter — Kriegsschauplatz! Dann reißt sich alles um meine Wüste, um meinen Sumpf — einen Platz in den USA — zum Überleben!«
Hm. Ich weiß nicht. Vielleicht hat er ja recht. Aber ir-

gendwie — ich hab so das Gefühl, dies SDI wird genauso ein Flop wie die Ölfelder und Goldminen, die sich manche gekauft haben. Die warten auch bis ans Ende ihrer Tage auf das Wunder und die große Rendite!

## Der Bestseller

**Hermine:** Hermann. Hast du schon einen Einfall gehabt, was wir Onkel Willy schenken?

**Hermann:** Ja, ich dachte, dieses Buch von dem Professor, weißt du — der so nett aussieht. »Laßt uns ein Apfelbäumchen pflanzen«. Ditfurth heißt der. Also, daß die Menschheit nicht mehr zu retten ist. Und die Welt ist bald total vergiftet und kaputt. Du weißt schon.

**Hermine:** Als Geschenk? Zum sechzigsten Geburtstag?

**Hermann:** Das Buch ist ganz schön teuer. 39,80 Mark.

**Hermine:** Nein, ich meine: Das ist doch kein schönes Geschenk.

**Hermann:** Na, hör mal. Das ist ein Bestseller. Schon seit Monaten.

**Hermine:** Nein, ich meine, was da drinsteht, daß die Welt vergiftet wird und wir uns alle umbringen, das ist doch als Geschenk nicht gut. Das macht ihm die ganze schöne Geburtstagsstimmung kaputt.

**Hermann:** Dann hätten wir Margret auch nicht »Der blutige Zeuge« schenken dürfen.

**Hermine:** Nein, du verstehst mich nicht. »Der blutige Zeuge«, das ist ja ein Roman. Aber dieser nette Professor hat doch gesagt — auch im Fernsehen —, daß die Welt untergeht, und die ganze Erde ist schon jetzt nicht mehr zu retten, und wir sind alle zum Tode verurteilt. Also auch Onkel Willy ist zum Tode verurteilt.

**Hermann:** Genau. Deswegen ist das Buch ja auch ein Bestseller.

**Hermine:** Ich mein ja nur, wenn ich zum Beispiel dir dein Todesurteil ausgerechnet an deinem 75. schenken würde, würdest du doch auch sagen: Hättest du nicht bis nächsten Monat damit warten können?

**Hermann:** Aber — das weiß doch längst jeder, daß die Erde vergiftet ist und die ganze Menschheit bald zugrunde geht.

**Hermine:** Ach so. Ja, aber dann ist das Buch ja auch keine Überraschung mehr.

**Hermann:** Doch, Minchen. Der Professor hat das eben alles so eindrucksvoll beschrieben! So klar und einfach: daß wir alle so tun, als wär noch alles in Ordnung — und in Wirklichkeit ist es schon fünf nach zwölf.

**Hermine:** Ja, aber — dann ist das doch eher kein schönes Geschenk. Wenn er sich das zu Herzen nimmt. Onkel Willy ist doch sowieso immer so weich...

**Hermann:** Aber Hermine, das Buch haben sich schon Tausende von Leuten geschenkt. Sogar zu Weihnachten. Und jeder freut sich darüber.

**Hermine:** Daß die Menschheit zugrunde geht und sich umbringt?

**Hermann:** Nein, jeder freut sich darüber, daß man ihm das Buch schenkt, daß die Menschheit sich zugrunde richtet.

**Hermine:** Aber Onkel Willy...

**Hermann:** Auch Onkel Willy freut sich. Nicht darüber, daß die Menschheit sich umbringt, sondern darüber, daß wir ihn für so intelligent halten, daß wir ihm auch das Buch dazu schenken.

**Hermine:** Hm. Ist es denn wirklich ein gutes Buch? Ich meine: Stimmt das denn überhaupt, was der Professor schreibt in dem Buch?

**Hermann:** Ja doch, das stimmt. Das heißt, beweisen kann er's ja auch nicht. Bewiesen ist es ja erst, wenn es passiert ist. Wenn wir alle vergiftet sind und so weiter.

**Hermine:** Hm. Bewiesen ist es also noch nicht...

**Hermann:** Nein. Aber wenn es erst bewiesen ist, kann man das Buch ja erst recht nicht mehr verschenken.

**Hermine:** Na also gut — dann schenken wir ihm das eben.

## Das Großexperiment

Bei einem unserer Sonntagsspaziergänge kamen Herr Z. und ich auf die Giftkatastrophe zu sprechen. Damals, im Jahre '86, hatte die Firma Sandoz in der Schweiz den ganzen Rhein vergiftet. Eines der größten und abscheulichsten Umweltverbrechen überhaupt. Alle Fische starben. Der Rhein war ein Leichnam.

»Ein unbegreifliches Unglück«, sagte ich.

»Das war kein Unglück«, sagte Herr Z.

»Wie meinen Sie das?«

»Sie werden mir doch wohl zugeben, ein Großunternehmer wie Sandoz hat derartige Sicherheitseinrichtungen, daß unter keinen auch noch so unwahrscheinlichen Umständen giftige Substanzen in den Fluß gelangen können. Das ist genau wie mit dem GAU. Jeder kleine Hausbesitzer muß heute seinen Heizölkessel dreihundertprozentig gegen jeden Unglücksfall, auch gegen Brandschäden, absichern. Wie streng sind da erst die Sicherheitsvorschriften für eine solche Gefahrenquelle. Nein, das war kein Unglück!«

»Was war es dann nach Ihrer Meinung?«

»Ein Großversuch. Ein entscheidender Schritt der Wissenschaft auf ihrem Weg zum großen Ziel.«

»Erklären Sie mir das bitte!«

»Die Wissenschaft, die ja immer nur zum Wohl der Menschheit arbeitet, ist darauf angewiesen, ihre Erfindungen im Labor zu testen, im Tierversuch z. B. oder im Reagenzglas. Leider erhält sie dabei immer nur An-

näherungswerte. Wenn ein Wissenschaftler, sagen wir mal, die Wirkung von einem Milligramm Quecksilber auf den Organismus eines Fisches im Labor testet, so kann er daraus zwar errechnen, wie die Wirkung von einem Gramm, einem Kilogramm, einer Tonne Quecksilber auf mehrere Organismen ist, aber das ist dann immer nur ein errechneter und kein empirischer Wert. Damit kann sich die Wissenschaft nicht zufriedengeben.«

»Der Rhein als Riesen-Versuchslabor?«

»Merken Sie denn gar nichts? Über Tschernobyl ist viel gezetert worden. Aber rein wissenschaftlich gesehen: welch eine Ausbeute von Meßergebnissen. Im Labor nie zu erreichen. Ja, im Dienste und zum Segen der Menschheit nähert sich die Wissenschaft immer mehr dem großen Ziel!«

»Um Gottes willen. Welchem Ziel?«

»Am Ende steht der große Weltversuch. Die Bestimmung der Globaltoxizität. Erst wenn alles Leben — nicht nur im Labor, sondern realiter! — ausgelöscht ist, ist die Erde absolut steril, frei von Schädlingen und Keimen — und das große Experiment ist gelungen!«

## Gestörtes Feindbild

Mr. Billy Jenkins hat jahrzehntelang einen Haufen Geld ausgegeben, um gegen den bösen Nachbarn, diesen barbarischen Ivanowsky, gerüstet zu sein. Mr. Jenkins hat eine Super-Alarmanlage an seinem Haus installiert. Die Ivanowskys haben das gleiche getan. Mr. Jenkins hat sich zwei blutrünstige deutsche Doggen zuge-

legt — gegen den gefährlichen Schäferhund der Ivanowskys. Beide haben sie das Schild am Zaun: Vorsicht! Bissiger Hund!
Seit Jahrzehnten sind sie erbitterte Feinde, die Jenkins und die Ivanowskys. Keiner ist je ohne Waffen aus dem Haus gegangen, wenn er am Haus des anderen vorbei mußte. Selbstschüsse haben sie beide am Zaun installiert.
Jahrzehntelang funktionierte diese Todfeindschaft hervorragend. Ivanowsky lebte mit seinen Kindern da drüben. Es hieß: Seine Frau sei ihm weggelaufen. Darum sei er so unausstehlich. Von den Jenkins sagten die Leute: Der Alte hängt so am Geld. Das hat ihn so mißtrauisch gemacht.
Aber nun passiert folgendes: Bei den Ivanowskys ist die Frau zurück oder irgend so was. Ivanowsky jedenfalls verändert sich. Eines Morgens sagt er »Guten Morgen« zu Mrs. Jenkins.
Die erzählt es ihrem Mann. »Soll ich zurückgrüßen?«
»Bist du verrückt? Ich habe gerade 3000 Mark bezahlt für eine neue Tränengas-Schleuderanlage. So viel Geld gebe ich doch nicht für Leute aus, mit denen wir uns grüßen!«
Aber Mrs. Jenkins hat am Zaun wieder mit Frau Ivanowsky gesprochen. Die hat gesagt:
»Ist es nicht ein bißchen übertrieben, wie wir uns gegenseitig bedrohen? Das ganze schöne Geld geht dafür weg!«
Das hat Mrs. Jenkins wieder ihrem Mann erzählt. Der ist völlig ausgeflippt vor Wut.
»Du fällst auf Ivanowskys faule Tricks rein! Mein halbes Leben habe ich dem Kampf dieser Halunken gewidmet. Das soll jetzt vorbei sein? Gerade habe ich für 15 000 Mark ein tolles Maschinengewehr gekauft. Das stelle ich am Dachfenster auf. Glaubst du, so was mach ich für Leute, mit denen du am Zaun plauderst?«

Mrs. Jenkins mußte etwas lächeln über ihren Mann. Aber man muß Mr. Jenkins auch verstehen. Wenn das so weitergeht mit den Ivanowskys, dann sagen die Leute am Ende noch: Immer dachten wir, die Ivanowskys sind die Streithähne — aber die Jenkins sind ja noch viel schlimmer.
Oh, wenn Mr. Jenkins von seinem Dachfenster aus den Ivanowsky freundlich rübergrüßen sieht — also, am liebsten würde er einfach mal losballern mit seinem Maschinengewehr. Ehe es dazu zu spät ist.

## Sorge um Kissinger

Nach seiner Rückkehr aus Moskau und seinen Gesprächen im Kreml hat der frühere US-Außenminister Henry Kissinger dem Nachrichtenmagazin »Newsweek« ein seltsames Interview gegeben. Er sagt darin, daß der Reformkurs Michail Gorbatschows eine noch viel schlimmere Bedrohung für den Westen sei als die frühere russische Bedrohung. Die Reform, sagte er, könnte Moskaus Expansionismus und ideologischem Eifer neue Kraftquellen erschließen. Gorbatschow und seine Vertrauten denken nicht mehr so vergangenheits-

bezogen, sagt er. Sie haben das Rüstzeug für eine dynamischere Außenpolitik. Das macht sie zu weit mächtigeren, gefährlicheren Widersachern.
Als erste war es Suzan B., einer seiner glühendsten Verehrerinnen, aufgefallen. »Ich bete Henry an«, sagte sie zu ihrer Freundin, »aber seit er aus Moskau zurück ist, mache ich mir große Sorgen um seinen Geisteszustand. Er redet immer so wirres Zeug daher: ›Das Wetter wird besser. Ein schlechtes Zeichen.‹ Und so ähnlich.«
Mit weiblicher List gelang es Suzan, Henry auf einer Party unauffällig mit einem Psychiater zusammenzubringen. Der Psychiater, ein weltfremder Typ, der nicht wußte, wer Henry Kissinger ist, befragte ihn so nebenbei:
»Sagen Sie, Herr Kissinger, welcher Russe ist der bösere: der, welcher Abrüstungsvorschläge macht, oder der, der immer nur njet zur Abrüstung sagt?«
»Der, der Abrüstungsvorschläge macht, natürlich!«
»Was halten Sie für gefährlicher: ein Rußland, das mit Waffengewalt die Welt befreien will, oder eines, das sich verstärkt um Wirtschafts- und Handelsbeziehungen bemüht?«
»Wirtschaft und Handel — russische Gefahr!«
Der Psychiater blickte bedenklich.
»Und was ist schlimmer: Kritiker, die einen menschlichen Kommunismus wollen, nach Sibirien zu schicken oder in den Kreml zu holen?«
»In den Kreml zu holen!«
Der Psychiater ging heimlich mit Suzan B. beiseite. »Schwere Anzeichen geistiger Verwirrung. Der redet den reinen Blödsinn. Was macht der beruflich?«
»Früher war er Außenminister. Jetzt reist er in der Welt rum und gibt dem Präsidenten Ratschläge.«
»Ach so. Dann fällt es ja nicht weiter auf.«

## Kohl an Gorbatschow

Im November 1986 gab Bundeskanzler Kohl dem US-Nachrichtenmagazin »Newsweek« ein vielbeachtetes Interview.
»Gorbatschow ist ein moderner kommunistischer Führer. Er versteht was von Public Relations. Der Goebbels verstand auch was von Public Relations. Man muß doch die Dinge auf den Punkt bringen.«
Inzwischen ist das ja alles von der Geschichte wieder glattgebügelt — man wundert sich, wie heiß das Bügeleisen der Geschichte ist.
Wenige aber wissen, daß Kanzler Kohl damals einen Brief an den sowjetischen Generalsekretär geschrieben hat. Hier der Wortlaut:
Lieber Herr Generalsekretär,
bitte glauben Sie mir, ich bin sehr, sehr traurig darüber, daß mein Interview in »Newsweek« Sie so erzürnt hat. Ich versichere Ihnen, verehrter Herr Gorbatschow: Ich habe Sie wirklich nur in der allerfreundschaftlichsten Absicht mit unserem ehemaligen Reichspropagandaminister Goebbels verglichen. Ich wollte Ihnen ganz einfach ein großes Kompliment machen. Er war nämlich wirklich ein genialer PR-Mann, wie wir heute sagen würden.
Mein Kanzleramt versucht jedoch, mir zu erklären, Sie stören sich an der Tatsache, daß Goebbels auch ein Naziverbrecher war. Ich vermute deshalb, Herr Generalsekretär, Sie haben noch gar nicht bemerkt, wie eifrig wir in der Bundesrepublik bemüht sind, durch eine Normalisierung des Sprachgebrauchs endlich wieder ein entkrampftes Verhältnis zur deutschen Geschichte herzustellen. Dazu ein paar Beispiele:
Mein Parteisekretär, Herr Geißler, hat vor einiger Zeit

in aller Unschuld darauf hingewiesen, daß die Pazifisten Auschwitz erst ermöglicht haben. Die zahlreichen Proteste hat er immer mit dem Hinweis beantwortet, er habe es doch nicht böse gemeint. Sondern nur logisch. Anführen möchte ich hier auch den Fall des Bürgermeisters von Korschenbroich, Graf von Spee. »Um den Stadthaushalt auszugleichen, müßte man ein paar reiche Juden totschlagen«, hat er scherzhaft gesagt. Ich habe das damals als sehr ungeschickt verurteilt. Heute begreife ich den Mann schon besser. Es war eben sein — mißlungener — Beitrag zum normalisierten Geschichtsverständnis. — Ja, selbst unsere Grünen machen mit bei der deutschen Normalisierung. Herr Trampert sprach im Zusammenhang mit der geplanten Kronzeugen-Regelung — sicher ohne Hintergedanken — von »Gestapo-Methoden«.
Verstehen Sie mich nun besser, sehr geehrter Herr Generalsekretär? Dann erlauben Sie mir einen Vorschlag. Ich lade Sie (wie vor einiger Zeit den amerikanischen Präsidenten) herzlich ein: Treffen Sie sich mit mir auf dem Soldatenfriedhof von Bitburg! Sie werden sehen: Die Grabsteine mit den SS-Runen, die dort stehen, stören kein bißchen. So können Sie sich persönlich überzeugen, wie weit wir es schon mit unserem entkrampften Verhältnis zur deutschen Vergangenheit gebracht haben ...

## Kommunistenjagd

Alle Welt amüsiert sich wieder über unseren Verfassungsschutz. Der Verfassungsschutz hat die Gruppe »Sportler für den Frieden« der kommunistischen Unterwanderung verdächtigt. Weil auf einem Sportfest ein

paar Ordner, die der DKP angehören, die Karten abgerissen haben!
»Für uns sind schon alle 400-Meter-Läufer Kommunisten, nur weil sie auf der Aschenbahn linksrum laufen« — lachen die Zeitungen den Verfassungsschutz aus.
Darum tut mir der Verfassungsschutz schon wieder leid. Und ich möchte hier einmal mit aller Entschiedenheit Partei für ihn ergreifen. Man muß sich doch einmal vorstellen, wie es so einem armen Verfassungsschutzbeamten, einem Befehlsempfänger, ergehen kann.
Eines Morgens wird Verfassungsschutzsekretär Heinz Butze zu seinem Amtsvorsteher im Bundesverfassungsschutzbüro gerufen.
»Herr Butze, setzen Sie sich bitte! Ich möchte Sie etwas fragen: Können Sie eigentlich schwimmen?«
»Nein!« sagt Butze, »das heißt, na ja, so eben und eben.«
»Gut! Sie sind auf Michael Groß angesetzt. Auch so einer von dieser Gruppe ›Sportler für den Frieden‹. Garantiert Kommunist. Bringen Sie uns den Beweis! Sie wollen doch befördert werden. Oder?«
Verfassungsschutzsekretär Butze kauft sich eine Badehose und mischt sich unter den Olympiakader. Tag für Tag ist Butze beim Training dabei. Todesmutig springt er mit ins Wasser. Schon fünfmal ist er fast ertrunken. Michael Groß ist vom Deutschen Sport-Verband so viele komische Gestalten gewohnt, daß er keinen Verdacht schöpft. Aber Butze hat nach 14 Tagen so viel Wasser geschluckt, daß er fast platzen muß. Er muß diesen verdammten Kommunisten endlich zur Strecke bringen! Sonst kostet ihn der Job das Leben!
Also nutzt Butze die erste beste Gelegenheit. In der

Umkleidekabine spricht er Michael Groß an und stellt ihm die folgenden Fragen: »Warum sind Sie eigentlich nicht Läufer geworden, Herr Groß?«
»Weil das Wasser mein Element ist.«
»Aha«, sagt Butze bedeutungsvoll und notiert in sein Buch: *Groß gibt zu: Bin erst in meinem Element, wenn ich den Boden (der freiheitlich-demokratischen Grundordnung) verlassen habe.*
»Zweite Frage, Herr Groß: Wie schaffen Sie immer Ihre Rekorde?«
»Wenn man die bestehenden Zeiten verbessern will, das geht eben nur durch extremes Training und extremen Leistungswillen.«
»Sehr gut!« Butze notiert wieder in sein Buch: *Groß gibt zu: ohne Extremismus keine Verbesserung der Verhältnisse.*
»Letzte Frage, Herr Groß: Was wünschen Sie den bundesdeutschen Schwimmern?«
»Daß alle so gute Zeiten wie die DDR-Schwimmer erreichen.«
»Das genügt«, sagt Butze. Und notiert in sein Buch: *Michael Groß wünscht, daß auch in der Bundesrepublik so herrliche Zeiten wie in der DDR anbrechen!*
Butze kehrt zurück ins Verfassungsschutzamt. Sein Chef ist sehr zufrieden mit ihm.
»Gut gemacht, Herr Butze. Der Groß ist erledigt. Den verhaften wir nächste Woche. Jetzt setze ich Sie auf die Florett-Fechterin Cornelia Hanisch an. Atomwaffengegnerin — aber mit konventionellen Waffen rumfuchteln! Sehr verdächtig. Sehr verdächtig!«

Woran mag es wohl liegen, daß mir in letzter Zeit immer und immer wieder der brave Soldat Schweijk begegnet? Erst gestern wieder traf ich ihn im Wirtshaus »Zum Kelch«. Er spielte da Karten mit dem ehemaligen Zivilpolizisten Bretschneider und dem Wirt Pavlicek.
»Haben Sie gelesen?« fragte Pavlicek und teilte gerade die Karten aus. »In seinem Bericht über die Bundeswehr hat der Wehrbeauftragte Willi Weiskirch der Bundeswehr Vorwürfe gemacht. Er berichtet zum Beispiel davon, daß Soldaten die ganze Nacht mit Stahlhelm und Gewehr vor der Toilette Wache stehen müßten und immer, wenn ein Soldat abgeprotzt hatte, nachschauen, ob die Latrine wieder gefechtsklar ist. Es mangele den Vorgesetzten am richtigen Führungsverhalten, sagt der Wehrbeauftragte.«
»Melde gehorsamst«, sagte daraufhin aus alter Gewohnheit der brave Soldat Schweijk und sortierte seine Karten, »der Herr Bundeswehrbeauftragte muß wohl keine Ahnung haben von der kriegsentscheidenden Bedeutung der Latrine. Wie der Wachtmeister Flanderke erzählt hat von dem österreichischen Artillerie-Oberleutnant Berger, der wegen seiner Diarrhö drei Tage lang hat auf dem Häuserl gesessen — aber der Oberleutnant hat nicht vom Häuserl können wegen seiner Bauchschmerzen und hat mit gepreßter Stimme gerufen: Besetzt! Da haben die Österreicher am dritten Tag die Festung mit der Latrine zurückerobert. Und wie der Oberleutnant endlich hat vom Häuserl können, hätte er sich am liebsten erschossen vor Traurigkeit, in dem, daß er wahrscheinlich den Heldentod auf dem Scheißhaus versäumt hat!«
»Der Bundeswehrbeauftragte sagt aber, solche Zusatzaufgaben seien heute nicht mehr erlaubt«, sagte Pavlicek.

»Vor der Latrine Wache stehen, ist ein Ehrendienst fürs Vaterland«, sagte Schweijk. »Auf der Latrine gibt sich das Vaterland eine Blöße. Weil, für den Augenblick der Verrichtung ist sogar ein General mit dem Menschlichen beschäftigt, was für das Vaterland nie gut sein kann! Stellt euch vor: Ein westlicher General sitzt genau in dem Augenblick auf dem Häuserl, wo der Russe auf den roten Knopf drückt. Wenn jetzt der Abfluß verstopft ist, oder es ist kein Papier da, könnte der gesamte Weltuntergang mißraten und eine halbe Sache werden. Darum verachtet mir nicht die Soldaten, die vorm Häuserl Wache stehen. Sie sind ein Symbol für die Verteidigung der Freiheit des Westens! — Noch ein Budweiser, Herr Wirt!« rief Schweijk und spielte einen Buben aus.

# Bayerisches Schurkenstück

Kennen Sie das auch: Manchmal hören oder lesen Sie von einem völlig unbedeutenden Ereignis, irgendeine kleine Affäre oder Anekdote — und obwohl sie so unbedeutend ist, vergessen Sie sie doch nie. Sie wissen aber selbst nicht, warum. Viele, viele Jahre später erst beflügelt eine solche kleine Geschichte Ihre Phantasie. So ist es mir ergangen mit einem unbedeutenden Ereignis am Rande der großen Politik: Vor mehr als 16 Jahren las ich einmal, daß dem bekannten Politiker Franz Josef Strauß in New York ein — wie soll ich sagen —, ein kleines Abenteuer geschehen ist. Zwei Prostituierte stahlen ihm damals seine Geldbörse, als er sich in der Nähe ihres Arbeitsbereichs aufhielt... Die Welt schmunzelte damals über diese Meldung. Nun gut. Nach so vielen Jahren kam mir dieses Ereignis wieder in den Sinn — als Zündstoff sozusagen für das folgende dramatische Volksmärchen:
Als auch das große Königreich Bayern im letzten Viertel des zwanzigsten Jahrhunderts von der unheimlichen Krankheit Aids angegriffen wurde, ließ der König der Bayern, Franz Josef Strauß der Erste, sich seinen Minister Gauweiler kommen, daß er ihm rate, wie die Seuche zu bekämpfen sei.
»Laßt mich nur machen«, sagte der Gauweiler, »wenn der Teufel in die Sau gefahren ist, muß die Sau geschlachtet werden.«
Das sollte soviel heißen wie: »Was wollen wir lange die Ärzte bitten, die Krankheit zu bekämpfen? Sie können es ja doch nicht. Wenn wir die Kranken zum Lande hinausjagen, sind wir auch die Krankheit los. Wer wird lange Federlesens machen?«

König Franz Josef Strauß der Erste ließ es geschehen. Anfangs gefiel es ihm sehr, wie der Gauweiler zu Werke ging. Die Dienerinnen der Liebe, die Männer, welche Männer liebten, die Bauchtänzerinnen und ihre Beschützer bedrohte er sogleich mit Pranger und Schandmal, mit Seuchenkerker und Typhusturm. Da flohen die Ärmsten in hellen Scharen aus dem bayerischen Königreich.

Und der Gauweiler meldete dem König: »Die Krankheit ist schon zurückgeschlagen. Aber ich will nicht rasten und ruhen, sie bis an die Wurzel auszurotten!«

Und also begann er, auch die Gesunden zu bedrohen. »Wer gesund ist, kann krank werden! Alle Gesunden auf dem Marktplatz versammeln! Nackend ausziehen und von der Polizei betasten lassen!«

Da flohen auch die Gesunden über die Grenze. Nur die Urbayern blieben zurück. In ihren kurzen Lederhosen und mit dem Gamsbart am Hut. Der Gauweiler aber hatte selber den Teufel im Leib. Den Eiferer-Teufel.

Er rief: »Nacktes Bein und kurze Wichs — da kommt's AIDS daher wie nix!«

Das war etwas Ungeheuerliches für das Land Bayern! Auch die Urviecher nahmen ihren Maßkrug und flohen in hellen Scharen nach Preußen.

Da trat am frühen Morgen der Gauweiler in des Königs Thronsaal.

»Herr König Franz Josef. Die Krankheit ist besiegt«, rief er mit Eiferer-Blick, »nur einer muß noch gefangen werden! Der, den ich meine, hat die Krankheit nach Bayern eingeschleppt! Meine Späher haben es mir entdeckt: Aus dem fernen Amerika hat er sie hierhergebracht! Vor 16 Jahren hatte er . . .«

Der König sprang auf. »Du meinst doch nicht etwa . . .«

»Doch! Euch selbst meine ich, Franz Josef! Ihr habt die Krankheit in dies Land gebracht!«
Da floh auch Franz Josef Strauß so schnell er konnte aus Bayern. Und das geschieht ihm recht. Denn wer den Gauweiler ruft, wird durch den Gauweiler umkommen!

## Im Gleichschritt, marsch!

Ich mache mir wieder Sorgen um die Bundeswehr.
In Kassel wurde am Ehrenmal für die Gefangenen beider Weltkriege eine Tafel eingeweiht — zu Ehren jener Kasseler Soldaten, »die sich im Kriegsdienst für die nationalsozialistische Gewaltherrschaft verweigerten und dafür verfolgt und getötet wurden«.
Was, glauben Sie, sagten die Vertreter der Bundeswehr bei der Einweihung der Tafel?
Etwa: »Als Soldaten von heute, die Demokratie und Menschenrechte zu verteidigen haben, nehmen wir in tiefem Respekt den Helm ab vor den Menschen, die hier geehrt werden. Sie hatten nicht die Gnade der späten Geburt, und trotzdem weigerten sie sich, den Hitlerwahnsinn mitzumachen!«
Oh, nein — da muß ich Sie enttäuschen, lieber Leser. Die Vertreter der Bundeswehr und der Soldatenverbände waren nämlich gar nicht erst erschienen zur Einweihung. Sie hatten bereits in den langen Debatten im Stadtparlament, die sich um den Antrag zu dieser Tafel drehten, ihre Meinung gesagt.
Eine solche Ehrung von Deserteuren, so befürchteten sie, könne den Anschein erwecken, »daß Desertion zu einer wenn nicht vorbildlichen, so doch akzeptablen

Verhaltensweise deklariert werde«. Und sie befürchteten »Verleitung der heutigen Soldaten zu einer Straftat gegen die Landesverteidigung«.
Damit bin ich bei meiner Sorge um die Bundeswehr.
Verstehe ich richtig, meine Herren Bundeswehrvertreter: Sie verdächtigen die heutige Regierung, nationalsozialistisch zu sein?
Nein? Warum fürchten Sie dann, die Soldaten könnten auch heute desertieren?
Ach so — Sie meinen: Sie selber wären damals bei den Nazis auf keinen Fall desertiert? Sie hätten für den nationalsozialistischen Staat gekämpft, weil sie dem Faschismus so nahestehen, daß Sie ihn verteidigen würden!
Nein? Auch nicht? Ja, verdammt, was meinen Sie denn dann?
Die Bundeswehr heute ist auch nichts anderes als die Wehrmacht im Dritten Reich?
Nein, das meinen Sie auch nicht?
Ach, jetzt verstehe ich. Sie meinen einfach nur: Soldaten haben gefälligst zu gehorchen! Ob einem wahnsinnigen Faschisten oder einem demokratischen Staat, ist egal. Soldaten sind — Soldaten. Menschenmaterial ohne eigenen Verstand und Gewissen.
Ach so!
Stillgestanden! Anlegen! Feuer!

# III

# AM ANFANG WAR DAS WORT — AM ENDE WAR DER MÜLL

## Mt. 13/12

---

Vor ein paar Tagen traf ich Heiko Martens. Wir tranken einen Grog zusammen im Dorfkrug. Heiko ist Schiffsbaumeister auf einer kleinen Schiffswerft bei Husum gewesen. Ja — gewesen. Seit zwei Jahren gibt's die Werft nicht mehr.
»Weißt du, was ich nicht begreife«, sagte ich zu Heiko. »Solche Werften, wie eure damals, lassen sie mitleidslos eingehen. Aber den Großbetrieben stecken sie die Subventionen hinten und vorne rein. Kleine Bauernhöfe lassen sie sterben. Aber den Viehfabriken werden die Gelder nachgeschmissen. Ist doch ungerecht so was!«
»Mt. dreizehn-zwölf«, sagte Heiko.
»Wie bitte?«
»Computer-System-Auswahl. Ein Schwager von mir — der hatte in Württemberg einen mittelgroßen Lackierbetrieb. Er hätte sich gern vergrößert, um konkurrenzfähiger zu sein. Da ist er zum Wirtschaftsministerium und hat um Unterstützung gebeten. Die haben ihm gesagt: ›Gern, wir unterstützen ja bevorzugt den Mittelstand. Sind Sie bereit, sich Mt. dreizehn-zwölf zu unterwerfen? Unserem Subventions-Computer-Programm?‹

›Wie das?‹ hat mein Schwager gefragt.
›Weil unsere Mittel nicht ausreichen, allen zu helfen, haben wir ein kompliziertes Computer-Auswahl-Programm entwickelt, das alle marktwirtschaftlichen Daten und Positionen der Betriebe bis ins kleinste berücksichtigt und danach die Entscheidung fällt. Alle Anträge werden eingespeist von den großen und den kleinen Bewerbern. Dann arbeitet der Computer nach dem hochsensiblen Programm Mt. dreizehn-zwölf.‹
Mein Schwager war einverstanden. Sämtliche Daten wurden eingespeist. Der Regierungsvertreter startete das Programm, und nach wenigen Sekunden las man auf dem Bildschirm: Subventionsplan '87: Daimler-Benz: 160 Millionen für das Mercedes-Werk in Rastatt — AEG: 80 Millionen für Forschungs-Zentrum in Ulm.
›Und wir Kleinen?‹ hat mein Schwager gerufen.
›Tut uns leid‹, sagte der Regierungsvertreter.
›Gegen den Computer können wir nichts machen. Das Programm arbeitet absolut unabhängig nach Mt. dreizehn-zwölf.‹«

»Verdammt noch mal, was bedeutet denn dieses ›Mt. dreizehn-zwölf‹?« wollte ich nun endlich wissen.
»Das ist der System-Code. Mein Schwager hat lange versucht, ihn zu dechiffrieren. Schließlich ist es ihm gelungen: Matthäus 13, Vers 12: Wer da hat, dem wird gegeben, daß er die Fülle habe; wer aber nicht hat, von dem wird auch genommen, was er hat.«

## Krokodilstränen

Da gibt es doch tatsächlich zum Beispiel japanische Hersteller, die fälschen große Markenartikel — sagen wir mal Rolex-Uhren oder diese Koffer und Handtaschen von MCM oder auch die Sportbekleidung mit dem Krokodil. Das Gemeine ist: Diese Fälschungen sind so raffiniert, daß man sie absolut nicht unterscheiden kann vom Original. Höchstens durch eine kriminaltechnische Untersuchung im Labor mit Spektralanalyse und mikroskopischem Fasertest. Das einzig Verräterische: Diese genialen Fälschungen werden meistens etwas billiger angeboten.
Stellen Sie sich vor, Sie fallen auf so etwas herein. Dann erleben Sie am Ende noch denselben Ärger, den Monika neulich mit ihrem Ewald erlebt hat. Auf seinem Geburtstag.
»Oh, Monika, ein Lacoste-Sportanzug mit dem Krokodil«, hat Ewald gerufen, »wenn du wüßtest, wie sehr ich mir den gewünscht habe. Aber sag mal, Liebste, der ist doch viel zu teuer. Das können wir uns doch gar nicht leisten. So viel Geld hast du für mich ausgegeben!«
»Freust du dich oder nicht?«

»Aber ja! Nur der Preis. So viel Geld . . .«
»Also gut, dann verrate ich es dir: Ich hab' ein tolles Angebot erwischt. Nur 320 Mark! Überall bezahlt man mindestens 500 Mark dafür!«
Da hat Ewalds Miene sich verfinstert.
»Ach so. Das ist aber schade. Dann kann es doch unmöglich ein echter Lacoste sein. Das ist eine von diesen japanischen Markenfälschungen, die sie dir untergejubelt haben!«
»Aber nein. Sieh dir doch das Material an. Und die Verarbeitung. Was soll denn da gefälscht sein?«
»Ja, meine Liebe, das ist es ja gerade. Als normaler Mensch kann man diese Fälschung gar nicht erkennen. Aber wenn ich schon eine große Marke trage, dann will ich nicht mit einer Fälschung herumlaufen!«
»Aber, Liebling, ich habe doch extra gefragt im Geschäft. Und woher willst du denn wissen, daß es eine Fälschung ist, wenn man es gar nicht erkennt? Es ist einfach ein Sonderposten gewesen. Ein Werbeangebot . . .«
»Erzähl mir nichts. Solche Sachen gibt es nicht als Sonderangebot. Da ist immer etwas faul!«

»Ja aber — verdammt noch mal, dann ist ja der einzige Fehler, daß ich weniger bezahlt habe. Wenn diese Betrüger auch noch den offiziellen Ladenpreis verlangt hätten, hättest du nichts bemerkt!«
»Hätte ich doch. Da habe ich ein Gefühl dafür.«
»Du? Daß ich nicht lache! Du kannst ja noch nicht mal ein Kaninchen von einem Nerz unterscheiden!«
Der Krach war da. Tränen, Weglaufen, Türzuschlagen, drei Tage Maulen. Und der falsche Anzug hängt im Schrank.

## Demokratie

»Es gibt keine bessere Staatsform als die Demokratie. Darum richtet sie uns auch zugrunde!« sagte mein seltsamer Bekannter, Herr Z.
»Erklären Sie mir diesen Widerspruch?«
»Ein Politiker, der wirklich das Beste für das Volk will, muß ihm trotzdem selbst das Schädlichste versprechen. Denn das Volk ist bekanntlich dumm und wünscht sich wie ein Kind die unvernünftigsten Sachen.«
»Um die Mehrheit der Stimmen zu bekommen, kann der Politiker ihm ja gern alles mögliche versprechen, wenn er hinterher nur das Vernünftige tut.«
»Leider geht die Rechnung nicht auf. Zur Demokratie gehört, daß das Volk seine Stimme nur für ein paar Jahre vergibt. Dann wird wieder gewählt. Würden die Gewählten nun das Vernünftige tun, das das Volk gar nicht will, würden sie nicht wiedergewählt. Das aber wollen sie — um dem Volk Gutes tun zu können.«
»Aber, Herr Z., dann wäre es in der Demokratie ja

überhaupt nicht möglich, auf Dauer Vernünftiges zu tun!«
»Natürlich nicht.«
»Wollen Sie also, daß man die Demokratie abschafft?«
»Niemals! Es gibt keine bessere Staatsform!«
»Wenn sie uns aber doch zugrunde richtet?«
»Mein lieber Mann — es ist doch ein Unterschied, ob uns ein wildgewordener König, ein wahnsinniger Diktator umbringt oder ob wir es in aller Gemütlichkeit selbst tun.«

## Kuh auf Baum

Was bewegt einen Menschen, seinen Nachbarn zu verklagen, weil der sich eine Kuh im Garten hält? Solche Fragen sind es, die mich viel mehr interessieren als Feuerbachs Kritik an Leibniz' nachgelassenen Deutungsversuchen zu Kants eschatologischer Metaphysik-Perspektive.

Das Landgericht Bückeburg hat im Jahre 1986 in letzter Instanz entschieden, daß die Familie Sänger im Garten an ihrem Haus in Krainhagen (Schaumburg) eine Kuh halten darf. In letzter Instanz, bitte schön. Da muß doch was dran sein an der Sache. Ich stelle mir den Hergang so vor:

Eines Morgens guckt Karl Meier aus seinem Fenster und traut seinen Augen nicht. »He, Klara«, ruft er, »bei Sängers steht 'ne Kuh im Garten!«

»Um Gottes willen! Renn schnell rüber und sag ihnen Bescheid!«

Karl Meier rennt zum Nachbarn und klingelt. »Da ist 'ne Kuh in Ihrem Garten!«

»Ach, Sie meinen sicher unsere Elly!«

»Nein, eine richtige Kuh. Die Kuh frißt Ihren Rasen. Ich guck' aus dem Fenster und denk', mich trifft der Schlag!«

»Aber Herr Meyer. Das ist unsere Kuh Elly. Die haben wir gekauft.«

»Wie bitte? Sie haben eine — absichtliche Kuh im Garten?«

»Ja, Herr Meyer. Wegen der Milch.«

»Aber ... aber — das geht doch nicht! Eine Kuh im Garten!«

»Warum denn nicht? Sie haben ja auch — ein Taubenpaar auf Ihrer Eiche!«

»Das ist doch etwas ganz anderes!«
»Da haben Sie recht. Tauben sind keine Kühe.«
»Ach, Unsinn. Tauben können nicht muhen und glotzen nicht über den Zaun!«
»Und eine Kuh kann nicht fliegen!«
»Das wäre ja auch noch schöner. Wenn die Kuh noch auf die Eiche fliegen würde!«
»Wieso? Dann hätten Sie Anspruch auf die Milch!«
»Unsinn! Wir können ja gar nicht melken. Schon gar nicht auf dem Baum! Außerdem: Die Kuh macht Mist!«
»Die Tauben auch!«
»Aber viel weniger!«
»Dafür aber von oben herunter. Wenn unsere Kuh ihren Mist wie Ihre Tauben im Fliegen machen würde...«
Tja — und hier an dieser Stelle irgendwo entdeckt nun Meier den Straftatbestand und ruft:
»Ich zeige Sie an!«
Aber wo und wie, dazu fehlt mir leider der Scharfsinn.

## Der Schweiger

Einer meiner besten Freunde ist Karl-Heinz. Wir sind schon zusammen zur Schule gegangen. Ein ungewöhnlich zuverlässiger Mensch. Einer, der lieber handelt als redet. Aber manchmal, wenn wir uns treffen, ist es doch etwas anstrengend mit ihm. Denn er ist ein Schweiger. Sitzt da und kriegt die Zähne nicht auseinander. Ich selber rede dann und frage nach diesem und jenem, aber die Antwort ist immer nur: Ja. Oder ganz kurze Sätze. Selten, daß er mal ins Reden kommt. Da muß es sich dann schon um Dinge wie Leben oder Tod handeln.
Nun passiert es mir andererseits oft, daß mich zum Beispiel jemand anruft und sagt:
»Entschuldigung, ich will Sie ja nicht stören. Es geht auch ganz schnell. Ich weiß ja, daß Sie wenig Zeit haben. Deswegen fasse ich mich auch kurz. Ich kenne das ja selbst, wie lästig das ist, wenn man einfach so angerufen wird und zuhören muß, obwohl man gar nichts hören will. Also, ich weiß ganz gut, wie wenig Zeit Sie haben, darum . . .« usw. usw.
Ja, oder ich gerate in Unterhaltungen, die gehen so:
»Da habe ich doch einen Unfall gesehen. An der Straße dahinten, bei der großen Kreuzung. Wie heißt die noch? Jedenfalls ein VW oder ein Opel Kadett. Oder war es ein Fiat? Ja, ich glaube, das war ein Fiat. So einer, wie ich mal hatte. Ich hatte ja mal einen gebrauchten Fiat. Der war prima. Damit habe ich . . .« usw. usw.
Oder Leute fangen so an:
»Zu Ihrem Gedicht möchte ich Ihnen etwas sagen. Ich habe ja als junger Mensch selber Gedichte geschrieben. Mein Lehrer sagte, ich hätte eine große Begabung dafür. Die habe ich wohl von meinem Vater. Der hat ja schon für die Hochzeitszeitung meiner Großeltern im-

mer Gedichte gemacht. Während meine Mutter ja mehr diese andere Begabung hatte ...« usw. usw.
Ja, immer, wenn mir so etwas passiert, und im übrigen auch, wenn ich bestimmte Politiker im Fernsehen oder im Radio reden höre, immer dann sehne ich mich von ganzem Herzen nach einem Gespräch mit meinem Freund Karl-Heinz, dem großen Schweiger.

## Putzlebendig

Eine Putzkolonne hat in Heidelberg ein Kunstwerk »versehentlich« vernichtet. Der Graphiker und Politkünstler Klaus Staeck hatte sich auf seine Hauswand von dem Schweizer Künstler Harald Naegeli zwei Figuren sprühen lassen. Die Heidelberger Putzkolonne hatte nicht den geringsten Zweifel gehabt, daß es sich um eine Wandbeschmierung handelte, und putzte das Kunstwerk kurzerhand weg.
»Na typisch«, dachte ich. »Deutsche Reinlichkeit geht eben über alles!«
Inzwischen ist mir jedoch der Verdacht gekommen, daß es sich bei dieser Putzaktion ganz im Gegenteil um den Beginn einer völlig neuen Kunstrichtung handelte — um die sogenannten »Putzlebendigen Objekte«. Vor der U-Bahn-Haltestelle Rauhes Haus in Hamburg steht ein nackter Mann aus Bronze. Eigentlich nichts Besonderes. Einfach nur ein nackter Mann.
»Merkwürdig«, dachte ich beim ersten Mal, »daß er direkt neben dem asphaltierten Zugang steht und nicht wie Bronzestatuen sonst im Park auf dem Rasen.«
Diese publikumsnahe Aufstellung hat jedoch ihren künstlerischen Sinn.

Als ich eines Morgens an der Figur vorbeikam, bemerkte ich nämlich: An dem Kunstwerk wird noch gearbeitet! Plötzlich hatte der Mann einen weiß gestrichenen Penis. Zweifellos die kühne Stilisierung einer zentralen Aussage. Einige Tage später jedoch sah ich: Der Penis war wieder in Natur, d. h. in Bronze. Dafür aber leuchteten nun Nase und Ohren des Mannes in Signalrot. Eine künstlerische Überhöhung der visuellen und akustischen Sensibilität der Figur. Irgendwie faszinierend. Wieder ein paar Tage später: Das Rot war fast verschwunden. Dafür aber ein großes, weißes A über Brust und Bauch. Welch symbolhafte Ausdrucksstärke: der Mann und die Anarchie!
Und so geht es nun seit Wochen. Plötzlich ist der Penis rot! Der Schrei der Männlichkeit in einer gleichgültigen Welt. Dann wieder die Brustwarzen mit Gänseblümchen ummalt: zärtliche Huldigung an das ewig Weibliche!
Ich wäre wirklich traurig, wenn diese kreative Auseinandersetzung, dieser Kampf der Kunst gegen die Sterilität, aufhören würde. Denn gerade dieses Ringen der Verneinung gegen die Gestaltung gibt dem Mann aus Bronze sein Leben!
In Hamburg begann eine neue Richtung:
Putzlebendige Objekte.

## Wahr, aber unsichtbar

Im Dezember 1986 wurde bekannt, daß die Amerikaner unsichtbare Bomber bauen, die bereits in drei Jahren zur Verfügung stehen sollen. Ein linksstehender Journalist, der von diesen Bombern noch nichts wußte, interviewte Verteidigungsminister Wörner:
»Herr Minister, gehen Ihnen nicht allmählich die Ar-

gumente aus? Bei den Russen steht die Rüstungsspirale still. Die USA aber nehmen den zweiten B-52-Bomber in Dienst. Wollen Sie immer noch behaupten, die Russen hätten einen Rüstungsvorsprung?«

»Guter Mann, Sie müssen wissen: Wir haben schon seit einiger Zeit mit größtem Mißtrauen registriert, daß die Aufklärungssatelliten absolut keine neuen Raketen oder Bomber der Russen zeigten. Es war einfach nichts auf den Fotos zu sehen.«

»Ja eben. Und warum lächeln Sie jetzt?«

»Die Opposition und ihre linken Freunde schöpfen bei so etwas natürlich keinen Verdacht. Uns aber ist klargeworden: Die Russen rüsten in noch nie dagewesenem Ausmaß.«

»Obwohl die Fotos nichts zeigen?«

»Wir schätzen: Die Russen haben bereits 497 neue Bomber gebaut. Und 4003 moderne Marschflugkörper.«

»Wieso? Wo haben Sie die denn gesehen?«

»Die Russen bauen unsichtbare Waffen, bester Mann!«

»Wie bitte?«

»Die Amerikaner haben natürlich sofort reagiert. Bis zu den 90er Jahren werden ca. 132 unsichtbare Bomber und über 3000 unsichtbare amerikanische Marschflugkörper gebaut. 96 davon werden unsichtbar in der Bundesrepublik aufgestellt.«

»Augenblick mal. Wenn Sie die unsichtbaren Russenbomber nicht gesehen haben, dann können Sie doch gar nicht beweisen, daß es sie gibt!«

»Ganz recht. Aber wie wollen Sie beweisen, daß es sie *nicht* gibt?«

»Aber wenn man doch gar nichts gesehen hat . . .«

»Im Gegensatz zu den linken Träumern in der Bundesrepublik ist sich die Regierung voll darüber im klaren, daß Russenbomber, die man nicht sieht, noch viel ge-

fährlicher sind als die, die man sehen kann. Wir lassen uns nicht länger täuschen!«
»Aber, Herr Minister ...«
»Schluß jetzt. Endlich ist diese peinliche Diskussion darüber, ob die Russen rüsten oder nicht, beendet! Wir haben schon immer russische Raketen gesehen, wo andere absolut keine entdecken konnten. Und das werden wir in Zukunft noch forcieren!«

## Verkehrt rum

»Oh, what nice pictures everywhere in your city!«
Das war das erste, was Kung-Lhi, meinem Gast aus China, auffiel, als ich ihn vom Hauptbahnhof abholte: die Wahlplakate. Kung-Lhi kann kein Deutsch. Aber er war sofort begeistert von den lebendigen Motiven der Plakate. Bildersprache ist den Chinesen ja vertraut.
»Nicht sagen«, rief er in seinem gebrochenen Englisch, »ich wissen allein: Flußpferd vom Nil. Klarer Fall, das sind eure Naturfreunde, grüne Partei, ich habe gehört. Kämpfen für Natur und gegen Tierversuche!«
»Ganz falsch, Kung-Lhi«, lachte ich, »das ist die FDP. Mit den Grünen wollen die überhaupt nichts zu tun haben. Und Tierversuche? Na, ich weiß nicht. Viele sind Ärzte. Die Nilpferde sollen heißen: Schluß mit der Dickfälligkeit oder so.«
»Oh, sorry«, sagte Kung-Lhi, »aber hier: Das du müssen nicht erklären. Sehr vornehmer Mann, sehr feiner Anzug, englisches Tuch, typischer Unternehmer, Bankdirektor — steht vor Mahagoni-Tür, teures Ambiente. Und was heißen Spruch darüber?«

»Für klare Entscheidungen«, sagte ich.
»Ja, siehst du! Dieser Mann ist großer Kapitalist. Kämpfen für konservative Partei, wollen weniger Lohn für Arbeitnehmer, wollen mehr Gewinne für Banken und Industrie!«
»Um Himmels willen, Kung-Lhi«, rief ich auf englisch. »Dieser vornehme Herr ist der erste Mann unserer Arbeitnehmer-Partei, Herr von Dohnanyi, SPD. Er ist gerade für die Arbeiter und Angestellten — sagt er.«
»Seltsam, seltsam«, sagte Kung-Lhi. Das heißt, er sagte »crazy, crazy«. Dann blieb er noch mal stehen: »Oh, aber dann Hamburg haben zwei Parteien für Arbeiter. Dieser Herr — mit Lachgesicht — wie heißen?«
»Perschau!«
»Herr Perschau lieben Bauarbeiter und Maurer. Und hier noch ein Bild mit Herr Perschau und U-Bahn, mit gute Oma, kleine Leute, nicht viel Geld. Oder hier: Mister Perschau vor Werft mit viele Arbeiter. Jetzt ich weiß: Mister Perschau Kommunist!«
»Nein, nein, nein, Kung-Lhi — gerade umgekehrt. Herr Perschau ist von der Unternehmer-Partei!«
»Crazy Hamburg«, sagte Kung-Lhi, »alles verkehrt rum.«

## Gänzlich ungeniert

Dies ist die Geschichte von Otto Baumann. Wie Otto Baumann ein anderer Mensch wurde.
Otto Baumann war Gruppenleiter in irgendeiner öden Versicherung. Ein ordentlicher Mensch war Otto Baumann, zuverlässig und verantwortungsvoll. Kranksein gab's überhaupt nicht für ihn. 23 Jahre lang war Otto

Baumann ein Vorbild. »Einer unserer pflichtbewußtesten Mitarbeiter, an denen alle sich ein Beispiel nehmen können«, wie Abteilungsleiter Gerdes zum 20jährigen gesagt hatte.
Deshalb machte Otto Baumann natürlich auch keine Karriere. Um Karriere zu machen, muß man nicht Fehler vermeiden, sondern sie rechtzeitig einem Kollegen in die Schuhe schieben. Um Karriere zu machen, muß man nicht bis in die Nacht ganz allein am Abschluß arbeiten — man muß mit dem Chef im selben Tennisclub sein. Otto Baumann aber kannte alle diese Tricks nicht. Als er nur einmal in 23 Jahren einen Fehler machte, hieß es sogar noch: »Daß ausgerechnet Sie so einen Patzer machen, wo Sie doch sonst immer so gründlich sind, Herr Baumann.«
Aber dann — nach 23 Jahren —, an einem Aprilmorgen geschah es: Otto Baumann kam stinkbesoffen ins Büro. Er lümmelte sich an seinen Schreibtisch und soff die Cognacflasche aus. Dazu sang er irgendwas wie »Glückliche Reise, glückliche Reise . . .«. Der Chef rief ein Taxi. Es stellte sich heraus: Otto Baumann war seine Frau durchgebrannt. Und zwar mit seinem besten Freund. Er hatte den beiden vertraut, unerschütterlich und arglos.
So weit, so gut. Aber jetzt kommt das Beste. Otto Baumann dachte natürlich: Jetzt ist mein Leben ruiniert! Jetzt werfen sie mich raus. Doch — o Wunder: Gar nichts geschah.
»Irgendwann dreht jeder mal durch«, sagten die Kollegen.
»Junge, Junge, das war ja filmreif!«
Zwei Wochen später, als Otto Baumann krank war, sagten sie: »Entweder er nimmt seine Grippe, oder er ist mal wieder versackt!« Da hatte Otto begriffen.

Von nun an mußte er immer grinsen, wenn er einen pflichtbewußten Kollegen beobachtete, der sich für die Firma aufrieb. »So blöd bin ich auch mal gewesen — bevor mir die Sicherung durchgebrannt ist.«
Und gerade jetzt wieder zum neuen Jahr. »Ihr mit euren guten Vorsätzen«, sagt Otto. »Kein Bier mehr trinken. Ein besserer Mensch werden. Nee, nicht mit mir. Ist der Ruf erst ruiniert, lebt man gänzlich ungeniert!«
Prost Neujahr!

## Kaputtrepariert

Manchmal hört man Gespräche mit, obwohl man es gar nicht will. Neulich in der Kneipe. Ich trank mein Bier und las. Am anderen Ende des Tisches: eine Frau und ein Mann, beide so um die Fünfzig, mitten im Gespräch. »Wegen einer Kleinigkeit bringt man ihn hin«, schimpfte die Frau, »und was kriegt man zurück? Einen Schrotthaufen!«
»Was war denn eigentlich die Ursache?«
»Ach, im Urlaub. Da war so 'n Hügel. Den hatten wir schon hundertmal geschafft. Aber an dem Freitag — plötzlich ging's nicht mehr. Na gut, da haben wir eben fünf Minuten gewartet, und alles war wieder in Ordnung. Nur daß wir uns gesagt haben: Ist vielleicht besser, wir lassen das mal untersuchen.«
»Er ist doch sonst noch ganz gut gelaufen. Wir haben ihn ja sogar noch bei unserem Umzug gebrauchen können.«
»Ja, sag ich doch! Und daß mal was vorkommt bei den

Jahren, die er auf'm Buckel hat, ist doch normal. Aber ich sage dir: Die haben ihn vollkommen auseinandergenommen. Alles, was es nur gibt, haben sie geprüft. Und wenn man sucht, dann findet man auch was!«
»Die wollen eben verdienen wie alle andern«, sagte der Mann. »Jede neue Sache, die sie finden, kriegen sie extra bezahlt.«
»Aber dadurch haben sie ihn erst richtig kaputtgemacht. Drei, vier Jahre hätte er doch auch so noch durchgehalten. Mehr werden es sowieso nicht. Nur daß sie ihn zusätzlich mürbe gemacht haben. Der ist einfach hin.«
»Ein Skandal«, sagte der Mann. »Und dann wollten sie ihn euch noch nicht mal rausgeben, als ihr gesagt habt, jetzt ist Schluß?«
An dieser Stelle konnte ich nicht mehr an mich halten. »Ich habe genau dasselbe erlebt«, sagte ich. »Wegen Auspuffschadens hab' ich meinen Wagen hingebracht. Aber dann ging's los: Hydraulik, Bremsbeläge, Kupplung — alles Sachen, die ich natürlich nicht beweisen kann. Nur damit sie 'ne dicke Rechnung schreiben können.«
Die Frau und der Mann sahen mich an.
»Ja, ja«, sagte die Frau. »Sie haben vollkommen recht. Nur daß wir von unserem Opa sprechen.«

## Der größere Streß

Schon Mitte November fing es an. Wenn die Kollegen morgens ins Büro kamen, war mindestens einer dabei, der stöhnte: »Menschenskinder, dieser Weihnachtstru-

bel. Ich war in der Stadt. Ein Streß, sag ich euch. Zum Verrücktwerden!«
Nur Alfred G. aus der Materialverwaltung saß da und grinste: »Ihr seid ja nicht zu retten. Das mach ich nicht mit. Ich bleib zu Haus oder geh spazieren. Weihnachtstrubel? Nicht mit mir!«
Vierzehn Tage hat er das durchgehalten. Aber irgendwie — die Kollegen haben's schon gemerkt —, sein Grinsen wurde jeden Morgen verkrampfter.
»Warst du immer noch nicht im Weihnachtstrubel?« fragten sie ihn.
»Bin doch nicht blöd!«
Aber er guckte gar nicht mehr so glücklich. Und dann — vergangenen Sonnabend — passierte es. Ganz früh morgens ging Alfred aus dem Haus. Zum Alsterwanderweg. Spazierengehen. Bloß nicht in die Stadt in den Weihnachtswahnsinn!
Das Dumme war nur: Alfred wurde nicht froh. Er fühlte so eine Unruhe in sich. Die Stimme des Radiosprechers ging ihm nicht aus dem Kopf: »Benutzen Sie die öffentlichen Verkehrsmittel . . . alle Parkplätze besetzt . . . verkaufsoffener Sonnabend . . .«
Plötzlich spürte Alfred einen nagenden Schmerz in der Magengegend. »In der Stadt tobt das Leben — und du bist nicht dabei!«
Eine Stunde später saß er im Auto. Schon stand er im Stau. Schon ließ er seinen Wagen im Halteverbot in der zweiten Reihe stehen. Schon hatte ihn die Menschenwoge erfaßt. Sie schoben ihn durch die Stadt, durchs Kaufhaus, rissen ihm die Knöpfe vom Mantel, zerquetschten ihm in der Einkaufspassage fast die Rippen. Irgendwo gelang es ihm sogar, einen drehbaren Aschenbecher zu kaufen. Für Onkel Karl. Der hat ja seit Jahren nichts zu Weihnachten gekriegt.

Vollkommen kaputt und geschlaucht kam Herbert abends nach der Tagesschau nach Hause.
»Mensch, war das ein Streß!«
Aber immer noch besser als dieser andere Streß: der einzige zu sein, der beim Weihnachtswahnsinn nicht dabei ist!

## Baustellen-Poker

»Vier Kilometer Stau — Heidenkampsweg bis vor die Elbbrücken«, meldet der Verkehrsfunk.
»Das ist Paulchen Meier«, sagt Herr Möhlmann morgens beim Frühstück zu seiner Frau. »Da sammelt er wieder Punkte, der Gauner. Unser neuestes Verkehrsspiel!«

»Was für 'n Spiel?« fragt Frau Möhlmann.
Herbert grinst. Er ist beim Bauamt beschäftigt. Zuständig für Straßenbau- und Verkehrsführung. An und für sich ein langweiliger Job. Aber Herbert und seinen Kollegen fällt immer wieder was ein, wie sie sich eine Gaudi daraus machen können.
»Früher hatten wir die Verkehrsmühle. Da haben wir immer neue Einbahnstraßen eingerichtet, Durchfahrtverbote und Umleitung von der Umleitung — damit die Autofahrer nicht mehr rausfanden aus dem Straßenlabyrinth. Aber das spielen jetzt nur noch alte Innendienstknacker. Viel interessanter, das Neueste: Baustellen-Poker. Tolles Spiel. Wir lachen uns kaputt!«
Aus dem Radio kommt wieder die Durchsage:
»Drei Kilometer Stau auf der B 5 Richtung Billstedt.«
»Karl-Heinz seine Station!« ruft Herbert. »Oh, der Junge ist gnadenlos. Also, das geht so! Abends kriegt jeder von uns eine Haupteinfallstraße zugeteilt. Dann lassen wir morgens um fünf Uhr 'ne Baustelle einrichten. Fahrbahnverengung auf einspurig. Oder auch Fahrbahnverschwenkung auf Gegenspur. Und das Ganze als wandernde Baustelle. Man kann also noch während des Verkehrs verschärfen. Dazu noch als Joker: Müllwageneinsatz am Baustellenende.«
Herberts Augen strahlen.
»Und was ist der Sinn?«
»Wer die meisten Punkte hat! Pro Stau-Kilometer gibt's schon mal fünf Punkte. Aber das Hauptziel: Autofahrer zum Amoklaufen bringen. Fahrer, die ausspringen und schreien: zehn Punkte. Nervenzusammenbruch mit Krankenwagen: zwanzig Punkte. Auslösen des großen Hupkonzerts: fünfzig Punkte!«
»Stau infolge Unfalls auf der Wilhelmsburger ...«, meldet das Radio.

»Ingo, hat 'nen General! Unfall ist das Größte: hundertfünfzig Punkte«, ruft Herbert und rennt zur Haustür. »Ich komm heut' abend später«, ruft er zurück. »Spiel' ab 16 Uhr mit Heinz und Manfred die Rückrunde: Feierabend-Ausfallstraßen-Baustellen-Poker!«

## Kleines Drama

---

Das Leben ist ein Kampf.
Ja, das sagt sich so daher.
In Wirklichkeit ist das Leben ein Kampf mit Haken und Ösen.

Am Sonnabend in der Straße vor dem großen Einkaufszentrum spielte sich folgende lehrreiche Szene ab: Ein Audi 80 fährt langsam die Reihe der parkenden Autos entlang. Fährt vielleicht irgendwo einer weg? Da! Der Audi-Fahrer sieht: Die Rücklichter des grünen Opel leuchten auf. Langsam begibt sich der Audi 80 in Lauerstellung hinter den Parkplatz des Opel. Er freut sich, daß er gleich rechts in die entstehende Lücke fahren kann.
Der grüne Opel aber setzt zurück. Er will rückwärts aus der Lücke fahren. Der Audi muß auch ein paar Meter zurücksetzen.
In diesem Augenblick kommt von hinten ein roter Golf angeprescht. Überholt den Audi und den Opel, hält vor der gerade entstehenden Parklücke — und während der grüne Opel noch rückwärts rausfährt, fährt der Golf elegant rückwärts in die Parklücke.
So spielt das Leben, denke ich. Aber nun kommt der zweite Akt:
»Fahren Sie sofort weg da! Ich war zuerst hier!«
Aus dem Audi krabbelt ein aufgeregter kleiner Dicker. Aus dem Golf steigt eine junge blonde Dame im Frühlingskostüm mit Einkaufskorb.
»Wie bitte?«
»Das ist mein Parkplatz. Ich war zuerst hier!«
»Wieso zuerst? Ich war zuerst hier, sonst würde ich hier doch nicht stehen.«
»Ich habe gesehen, daß dieser Parkplatz frei wird. Und habe gewartet und gewartet und geblinkt . . .!«
»Und warum sind Sie nicht reingefahren?«
»Ich mußte zuerst den Opel rauslassen, weil er rückwärts rausgefahren ist.«
»Ja, das war günstig. Da konnte ich gleich rückwärts reinsetzen.«

»Eine Unverschämtheit! Verschwinden Sie sofort mit Ihrem Wagen! Ich bin zuerst hiergewesen.«
In diesem Augenblick tritt ein Hilfspolizist hinzu. »Kann ich helfen?«
»Ich versteh' diesen Herrn nicht. Er behauptet, er war zuerst auf diesem Parkplatz. Dabei steht mein Wagen hier.«
»Nicht auf dem Parkplatz, sondern davor!«
»Ach so. Davor! Das kann wohl sein. Aber vor einem Parkplatz war ich auch schon oft!«
»Ich erstatte Anzeige gegen diese Person . . .!«
»Augenblick mal«, sagt der Polizist. »Fahren Sie sofort weiter. Sie behindern hier den Verkehr. Sonst muß ich Sie aufschreiben.«
»Ich war zuerst hier! Ich war zuerst hier!« ruft der Dicke und steigt in sein Auto. Man hört ihn immer noch fluchen. »Zuerst! Ich war zuerst hier.« Die Blonde entschreitet mit einem frechen Lächeln.
Stark und schnell sein genügt nicht. Es gehören auch List und Durchsetzungsvermögen dazu.

## Das Müll-Zeitalter

Vor einigen Tagen hatte ich mit meinem seltsamen Bekannten, Herrn Z., ein kulturell ungeheuer anspruchsvolles Gespräch. Die Entwicklungsgeschichte der Menschheit war unser Thema, kulturhistorische Zeugen usw.
Da sagte ich: »Haben Sie gehört: Die Ölschiefergrube Messel im Kreis Darmstadt-Dieburg soll zu einer Mülldeponie ausgebaut werden. Die Grube gilt als wichtig-

ste Fundstätte für das Tertiär. Ein Eldorado der Paläontologen. Nirgends findet man so gut erhaltene Fossilien. Und diese unwiederbringliche Fundstätte der Kultur will man mit Müll vollschütten. Welch eine Schande für die ganze Menschheit! Unsere Müllprobleme sind uns wichtiger als die Ehrfurcht vor den Zeugen der Vergangenheit, die Milliarden von Jahren alt sind!«

Herr Z. setzte sein seltsames Lächeln auf:

»Da muß ich widersprechen«, sagte er. »Ich halte es für eine kulturhistorische Großtat, die Grube Messel mit dem Müll unserer Epoche vollzuschütten. Ich preise den Weitblick der verantwortlichen Politiker. In kulturhistorischen Angelegenheiten muß man in ganz anderen Zeiträumen denken. Wenn — sagen wir mal — in drei Millionen Jahren einige außerirdische Wesen unsere Erde betreten, werden sie wahrscheinlich die Grube Messel wiederfinden. Sie werden graben und bohren und auf eine Spraydose stoßen, auf Chemikalienfässer, auf Altöl, auf Plastiksäcke, Elektrobatterien, auf Kühlschränke, eine Waschmaschine — alles versteinert, versteht sich.

Ehrfürchtig werden die außerirdischen Wesen vor diesen Zeugen der Vergangenheit stehen und sagen: ›Seht, das war die Menschheit — so um das Jahr 2000 nach Christi herum. Ihre Kulturstufe war der Müll. Irgendwelche geistesgeschichtlichen Werte sind nicht überliefert.‹

Und sie werden eine Cola-Dose nehmen und einen versteinerten Taschenrechner, werden sie sorgfältig säubern und präparieren. Und dann werden diese Schätze in ihr außerirdisches Museum gestellt. Darunter eine Tafel:

›Zeugen der Menschheitsendzeit, sogenannte Müll-

Zeit. Was sie machten, war Müll. Was sie dachten, war Müll. Am Anfang war das Wort. Am Ende war der Müll.«

# IV

# SEID FRUCHTBAR UND MEHRET EUCH ...

## Das Narrenlied

Wer wagt es, dem König die Wahrheit zu sagen?
Der Narr soll es wagen.
Der König läßt jedem den Kopf abschlagen!
Das kann am besten der Narr vertragen.
He, hoppla!

Sitzt der König fest auf dem Thron,
nirgends in Sicht eine Revolution,
spricht er zum Narren: »Nun lästere, mein Sohn!«
Die Wahrheit, die bittere, vertragen wir schon!
(Solange die Wahrheit nicht schaden kann,
verträgt sie sogar der mächtige Mann.)

»Der König muß sterben«, spricht der Narr.
Und der König, der lacht: »Wie wahr, wie wahr!
Und wie nahe liegt bei der Narrheit
die Wahrheit!«

Wer wagt es, dem König die Wahrheit zu sagen?
Der Narr soll es wagen!
Der König laßt jedem den Kopf abschlagen!
Das kann am besten der Narr vertragen!
He, hoppla!

Aber jetzt kommen andere Zeiten.
Hört ihr die Glocken des Aufruhrs läuten?
Das Schloß ist umstellt. Da kommen sie schon,
die frechen Führer der Revolution.
Der König sagt zum Narrn: »Nun sprich!
Aber die Wahrheit, befehle ich!«

»Der König muß sterben«, sagt der Narr.
»Kopf ab«, ruft der König,
»Da hört ihr es ja! So nahe liegt bei der Narrheit
die Wahrheit!«

Ja, so war es in früherer finsterer Zeit,
aber ach, wie so herrlich haben wir es heut!
Einen König, einen König, den gibt es nicht mehr.
Die Wahrheit zu sagen fällt niemandem schwer.
Nur sollte natürlich im ganzen und großen
die Wahrheit nicht gegen die Kirche verstoßen.
Auch soll man es so mit der Wahrheit halten:
Sie muß auch gefallen den Sendeanstalten.
Völlig frei ist die Wahrheit im Kabarett,
aber nicht vor den Wahlen, da mögen wir's net',
Scharf sei die Wahrheit und blank wie ein Messer.
Nur nicht gegen den Papst, denn der kennt sie besser.
Es strahle das Feuer der Wahrheit noch heller!
Am besten im ganz kleinen Kabarett-Keller.

Und eins, lieber Narr, das müssen wir sagen:
Du sollst es nicht live auf dem Sender wagen.
Sonst muß, wie der König in früheren Tagen —
der Redakteur dir den Kopf abschlagen!

## Vorsicht, Satire

Achtung, lieber Leser. Dies ist *keine* Satire.
Ja, ich möchte mich heute einmal an die neuen Leitsätze der ARD für Satiresendungen halten!
ARD-Programmdirektor Dietrich Schwarzkopf hat diese Leitsätze den ARD-Intendanten zur Kenntnis gebracht. Darin steht unter anderem, daß Satire in jedem Fall für den Zuschauer deutlich erkennbar sein muß!
Es ist natürlich ebenso wichtig zu wissen, bei welchen Sendungen es sich *nicht* um Satire handelt.
Neulich in den Bonner Perspektiven z. B. — Kanzler Kohl am Wolfgangsee: »Für die Menschenrechte sind wir doch alle engagiert . . .« Also, wie er das gesagt hat — und dazu diese Heimatfilmkulisse im Hintergrund — Verena ist drauf reingefallen. Wollte sich halb totlachen: »Also, dieser Stefan Wald, wie der den Kanzler imitiert!«, hat sie gerufen. »Das ist ja schon fast *zu* böse!« — Ich hab' eine Viertelstunde gebraucht, um ihr klarzumachen, daß das wirklich der Kanzler war — und keine Satire!
In den Leitsätzen vom Herrn Schwarzkopf heißt es dann: An Satire müssen Qualitätsansprüche gestellt werden. Eine schreiende Ungerechtigkeit, finde ich. Alle anderen dürfen sich von der Qualität distanzieren — bloß Satire nicht? Und was ist mit Dallas? Oder Tatort? Oder? Oder?
Und weiter heißt es in den Leitsätzen: Darüber, ob der Qualitätsanspruch eingehalten wurde, entscheidet derjenige, der den Beitrag zur Sendung freigibt. — Wissen Sie, wie mir das vorkommt? Wie diese witzigen Aufkleber an der Chef-Tür. § 1 Der Chef hat immer recht. § 2 Wenn der Chef mal nicht recht hat, tritt automatisch

§ 1 in Kraft. Übrigens: Tucholsky hätte bei diesen Leitsätzen auch keine Chance. Die Leitsätze sagen nämlich: Was bei der satirischen Behandlung von Themen im Fernsehen möglich ist, kann nicht damit beantwortet werden, daß »Satire alles darf«. Genau das hat Tucholsky gesagt. Was darf Satire? Satire darf alles!
Und er meinte sogar: Sie kümmert sich einen Kehricht darum, was sie darf. Denn Satire, die lange fragt, was sie darf — ist gar keine Satire mehr.
Ach, Dietrich Schwarzkopf, Sie kleiner Schlingel, Sie. Sie haben es wohl gemerkt: Weil von Aristophanes' Zeiten bis zu Heinrich Heine und Gerhard Polt die Oberen immer wieder vergeblich versucht haben, den Satirikern das Maul zu stopfen — sind sie lieber gleich selbst zum Satiriker geworden! Und verflucht — ihre Satire ist gepfeffert.
»Satire hat einen legitimen Platz im Fernsehprogramm« — beginnen sie ihre Leitsätze.
Hahaha! Selten so gelacht!

## Das waren noch Zeiten

Nach der satirischen Sendung »Tagesshow« von Rudi Carrell wollte der Iran die diplomatischen Beziehungen zur Bundesrepublik abbrechen. Ajatollah Khomeini war von Carrell mit Damenunterwäsche und Dessous verunglimpft worden. Der Iran verlangte, die Bundesrepublik müsse sich offiziell entschuldigen.
Ein unbekannter Mönch aus Bayern schrieb hierzu im Bamberger Bistumsblatt:
»Wir Katholiken könnten uns ein Beispiel an dem ira-

nischen Fall nehmen, da man zur rechten Zeit auch immer mal wieder lautstark dagegen protestieren sollte, wenn mit Meinungsfreiheit Schindluder getrieben wird, und wir sollten den Mantel unserer Toleranz nicht immer bereitwillig über die ausbreiten, die uns kübelweise mit Jauche übergießen.«

Irgendwie kann ich ihn verstehen, den unbekannten Mönch. Da muß er nun fast täglich erleben, wie die Sünder, statt auf Knien zu rutschen, immer unverschämter werden. Nehmen wir nur jene Ketzer, die dem Heiligen Vater in aller Öffentlichkeit vorwerfen, er sei schuld am elenden Verhungern so vieler Kinder in der Dritten Welt durch sein unbarmherziges »Seid fruchtbar und mehret euch«. Nichts kann man gegen sie tun. Außer, sie zu exkommunizieren oder gegen sie anzubeten.

Ja, früher — da wäre man noch anders mit ihnen umgesprungen. Auf dem Scheiterhaufen hätte man die verirrten Seelen wieder zu Gott zurückführen können. Aber ach, Aufklärung, Humanismus, Vernunft und Meinungsfreiheit — wohin haben sie uns gebracht? Daß die Sünder den Respekt vor ihrer Kirche verloren haben!

Und so kann ich mir die Wehmut des unbekannten Mönchs schon vorstellen, die er empfindet, wenn er sieht, wie im Reiche Khomeinis noch heute die Ketzer ausgepeitscht werden dürfen. Wie man zur Ehre Gottes die Ehebrecherin steinigt und den Dieben zu ihrem eigenen Seelenheil die Hand abhacken läßt. Ach, ein Seufzer des Bedauerns entringt sich der Brust unseres Mönches.

War es nicht erst im Jahre 1789, daß in der Nähe von Köln die letzte Hexe verbrannt wurde? Nein, die Zeiten kommen wohl nicht wieder. Aber träumen darf man doch wohl mal: Was man damals mit denen gemacht hätte, die die Jauche der Satire über die Kirche ausgießen? In richtiger Jauche ertränkt hätte man sie! Zum Lobe des Herrn. Amen.

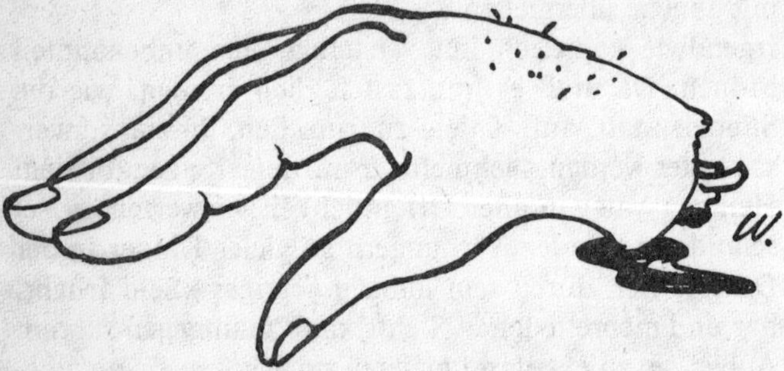

## Töte mit Gott, aber töte

Wie in jedem ordentlichen Vaterland, so besteht natürlich auch in dem unseren seit langem eine verständnisvolle Zusammenarbeit zwischen Kirche und Militär. Da gibt es einen wohlausgebildeten sogenannten Militärseelsorge-Vertrag zwischen der evangelischen Kirche und der Bundesrepublik Deutschland. Diesen Vertrag nun wollten doch tatsächlich 30 Jahre nach seinem Bestehen einige abtrünnige Pastoren gekündigt haben. Mit welcher Begründung? Sie seien nicht länger bereit, im Auftrage des Staates das Kriegshandwerk zu segnen! Zufällig begegnete mir in diesen Tagen der berühmte Feldkurat Katz, bei dem der brave Soldat Schweijk Dienst getan hat.

»Was sagen Sie dazu, Herr Feldkurat: Einige unserer Pastoren wollen nicht mehr die geltenden militärischen Konzepte von der Kanzel her rechtfertigen?«
»Wäre doch schade um die vielen gutbezahlten Pfarrstellen«, sagte Feldkurat Katz. »Solange der Staat das Tötungshandwerk durch Gottes Segen verschönern möchte, ist die Militärpfarrstelle ein anständig bezahlter Beruf, in dem sich der Mensch nicht zu sehr schindet!«
»Diese Leute sagen aber: Der Pfarrer muß im Ernstfall zur Dienstverweigerung raten können!«
»Verstößt gegen jede Tradition«, sagte der Feldkurat. »Die Vorbereitungen zur Tötung von Menschen sind stets im Namen Gottes vor sich gegangen. Anders geht's gar nicht. Die große Schlachtbank der Weltkriege konnte des priesterlichen Segens niemals entbehren. Die Geistlichen aller Armeen zelebrierten ihre Messen immer für jene Partei, von der sie bezahlt wurden.«
»Die abtrünnigen geistlichen Würdenträger sagen aber: Ein Seelsorger muß die Freiheit haben, dem Soldaten auch zu sagen, daß es ein Verbrechen an der Menschheit ist, Atomwaffen zu produzieren, sie zu stationieren oder anzuwenden!« warf ich ein.
»Das halte ich für einen Fehler«, sagte der Feldkurat. »Die kirchliche Betreuung soll der Erhöhung der Kampfkraft dienen. Nur wenn der Soldat an Gott glaubt, kämpft er tapfer für sein Vaterland und fürchtet den Tod nicht, weil er weiß, daß das Paradies ihn erwartet! Seit man zurückblickt, wurde die Hilfe Gottes beschworen, wenn das große Morden losging. Wie sollen die Soldaten denn sonst in die richtige Stimmung kommen, zum Beispiel bei einem Atomkrieg freudig mitzumachen?«

»Was meinen Sie, Herr Feldkurat: Ob diese evangelischen Geistlichen vom Kommunismus inspiriert sind?«
»So wird es wohl sein«, sagte der Feldkurat. »Der liebe Gott kann ihnen diese Idee wohl nicht eingegeben haben. Denn der will mit Militärgeistlichen jeglicher Art sowieso nichts zu tun haben!«

## Die bayerische Lösung

Mir leuchtet noch immer nicht ein, warum man das inzwischen weltberühmte verstrahlte Molkepulver nicht einfach auf den Butterberg getan hat. Dort hätte es sowieso die nächsten dreißig Jahre unangerührt gelegen. Dreißig Jahre ist die Halbwertszeit von Cäsium-137. In dreißig Jahren wäre es nur noch halb so gefährlich. In sechzig Jahren könnte man es schon wieder essen.
Der einzige Politiker, der in puncto Molkepulver wirklich eine mutige Tat vollbracht hat, ist der bayerische Umweltminister Alfred Dick. Der hat sich einen Sack Molkepulver kommen lassen — und dann hat er vor allen Fernsehkameras, vor allen Journalisten mutig einen gehäuften Eßlöffel von diesem Molkepulver gegessen.
»Bitte sehr«, hat er gesagt, »mir macht das nichts.«
Tatsächlich, ich habe diese Fernsehsendung gesehen — im Fernsehen war überhaupt nichts von Strahlen zu entdecken! Das Molkepulver schien rein optisch wirklich völlig ungefährlich zu sein.
Und nun frage ich Sie, warum muß das wertvolle Molkepulver kostspielig entstrahlt werden, wenn doch

Herr Dick es verträgt? Warum schickt man diesem Mann und seiner Familie nicht erst mal einen Waggon hin? Den braucht man doch dann nicht mehr zu entstrahlen!
Und ich bin ganz sicher: Die Parteikollegen aus der CSU von Herrn Dick sind auch keine Feiglinge! Der Stoiber, der Tandler und der Waigel, die langen alle kräftig zu! Die lassen sich doch nicht lumpen. Also sollte man doch erst mal der halben CSU so ein paar Waggons von dem Molkepulver runterschicken!
Das sind ja auch alles bayerische Urviecher! Die vertragen einfach mehr. Man weiß ja aus der Biologie, daß es gewisse, ich will mal sagen, einfachere Organismen gibt — die eine größere Strahlendosis vertra-

gen als unsereiner mit seinem komplizierten Körperbau.
Natürlich müßte man fairerweise die Herren ein bißchen beobachten, ob sich eventuell irgendwelche Strahlenschäden einstellen. Wenn dann der Tandler vielleicht anfängt, mit den Grünen zu reden, oder der Stoiber die DDR anerkennt: Das wäre dann ein sicheres Zeichen von Strahlenschaden, aber schlimm wäre es ja eigentlich nicht. Oder?

## Menetekel

Volkszählungsboykotteure hatten im Duisburger Wedau-Stadion in zwei Meter großen Buchstaben auf den Rasen geschrieben:

BOYKOTTIERT
UND SABOTIERT
DIE VOLKSZÄHLUNG

Die Buchstaben konnten nicht gelöscht werden. Die Volkszählungsbefürworter vom Sportamt ließen sich deshalb etwas einfallen. Sie ergänzten den Spruch. Als die Fußballfans ins Stadion kamen, lasen sie:

DER BUNDESPRÄSIDENT
BOYKOTTIERT
UND SABOTIERT
DIE VOLKSZÄHLUNG
NICHT

Bis hierher berichteten es alle Zeitungen der Bundesrepublik. Aber wie ging es weiter? Das wurde von den Zeitungen nicht berichtet. Die Boykotteure planten, zum Hockey-Spiel am folgenden Mittwoch den Spruch nochmals zu ändern, und zwar wie folgt:

AUCH
DER BUNDESPRÄSIDENT
BOYKOTTIERT
UND SABOTIERT
DIE VOLKSZÄHLUNG
NICHT MITMACHEN

Für diesen Fall wollten die Befürworter zum nächsten Sonnabend noch eine Ergänzung vornehmen:

SAGT JA ZUR VOLKSZÄHLUNG
AUCH DU!
DER BUNDESPRÄSIDENT
BOYKOTTIERT
UND SABOTIERT
DIE VOLKSZÄHLUNG
NICHT: MITMACHEN,
BÜRGER, MITMACHEN!

Zum folgenden Sonntag wollten dann die Boykotteure wieder zurückschlagen:

NUR EIN SCHAF
SAGT JA ZUR VOLKSZÄHLUNG
AUCH DU UND
DER BUNDESPRÄSIDENT
BOYKOTTIERT
UND SABOTIERT
DIE VOLKSZÄHLUNG!
NICHT MITMACHEN
BÜRGER MIT/MACHEN-
SCHAFTEN DES
ÜBERWACHUNGSSTAATES!

Aber was ich schon ahnte: An jenem Sonntag löste sich der ganze Spuk auf. Der alte Spruch war verwaschen. Diagonal über den ganzen Platz glaubte ich lesen zu können:

AUSGEZÄHLT — DAS VOLK

## Wir fordern die 2,4 Promille-Grenze!

Der Vorsitzende des Bundesverbandes der Wein- und Spirituosen-Getränkeerzeuger, Dr. Karl-Heinz Specht, sagte in seinem diesjährigen Vortrag auf der Jahresversammlung des Verbandes u. a.:

»Dringend erforderlich, meine Damen und Herren, erscheint mir daher, daß von der Europäischen Gemeinschaft endlich ein Beschluß gefaßt wird, nach welchem die Promille-Grenzwerte für Alkohol mindestens auf das Dreifache heraufgesetzt werden!

Die derzeit noch geltende 0,8-Promillegrenze beispielsweise ist nicht nur für unseren Gesamtumsatz von äußerst abträglicher Wirkung, sie entspricht auch nicht mehr der Wirklichkeit.

Der Mensch von heute kann weder im Beruf noch im Privatleben der erhöhten allgemeinen Alkoholeinwirkung entgehen. Die medizinischen Verträglichkeitsgrenzwerte für die Leber sind daher ganz einfach veraltet. Sie entsprechen nicht mehr der normalen Durchschnittsbelastung. Hinzu kommt, daß die Bevölkerung

fast jeden Tag durch Horrormeldungen über Verkehrsunfälle in Folge zu großen Alkoholgenusses beunruhigt wird. Bei einer Heraufsetzung der Grenzwerte auf 2,4 Promille würden diese Meldungen entfallen. Damit würde wieder ein beruhigtes Verhältnis der Bevölkerung zum Alkoholgenuß gewährleistet sein!«

Ein oder zwei Mitglieder des Verbandes äußerten Zweifel, ob dieser Antrag bei der EG durchgehen würde. Dr. Specht aber konnte diese Zweifel mit folgendem Hinweis entkräften:

»Für die menschliche Alkoholverträglichkeit müssen doch wohl mindestens dieselben Bedingungen gelten wie für die neuen Radioaktivitätsgrenzwerte für Lebensmittel. Die EG verhandelt zur Zeit darüber, die Höchstgrenzen für verstrahlte Nahrungsmittel um zum Teil das Zwanzigfache heraufzusetzen. Galten bisher zum Beispiel Cäsiumwerte von 30 bis 50 Becquerel pro Liter Milch, so sollen diese auf bis zu 1000 Becquerel pro Liter Milch heraufgesetzt werden.

In der Begründung der EG-Kommission heißt es u. a.:

›...Die neuen Werte tragen auch der Tatsache Rechnung, daß die Öffentlichkeit beruhigt werden muß.‹

Wenn diese Werte in Kraft sind, würde sich zum Beispiel das Problem mit der verstrahlten Molke von selber lösen. Sie könnte ohne weiteres in Schokolade wieder verarbeitet werden.

Was für die Verträglichkeit von Radioaktivität gilt — das soll für Alkohol nicht gelten? Das sehen wir nicht ein, meine Damen und Herren!«

Ich auch nicht.

## Katholische Krisenbewältigung

Beim Durchblättern der »Frankfurter Rundschau« — eine Anzeige: Der Papst lächelt milde und besorgt. Darüber als Schlagzeile:
»Wettlauf mit der Zeit —
Zahlen, die nachdenklich stimmen«.
Ich beginne zu lesen: »In 13 Jahren — Anno Domini zweitausend — wird es anstatt derzeit 4,8 Milliarden etwa 6,2 Milliarden Erdbewohner geben . . .«
Gleichzeitig sehe ich am Fuß der Anzeige einen Spendenaufruf.
Donnerwetter, denke ich und halte vor Spannung einen Augenblick inne. Hat die Kirche das Problem endlich begriffen? Will sie warnen vor der Menschheitskatastrophe durch die Bevölkerungsexplosion?
Ja, sie hat ja so recht! Wenn schon heute in jeder Minute ein Kind verhungern muß, dann heißt das: Es wäre ein Verbrechen, immer noch weiter zum Kinderkriegen zu ermuntern. Der Zustand der Überbevölkerung zwingt zu gnadenlosem Ausbeuten der Erde, das wiederum führt zur Verwüstung und Versteppung des Bodens — ein Teufelskreis.
»Wettlauf mit der Zeit!« sagt die Anzeige. Ja, das ist wahr! Will die Kirche nun aufrufen, durch Spenden längst fällige Maßnahmen zu unterstützen? Will sie Empfängnisverhütungsmittel wie Pille und Kondom zur Verfügung stellen? Will sie den Ärmsten der Erde humane Beratung in der Familienplanung zukommen lassen? Braucht sie meine Spende vielleicht auch, um den Menschen in der Dritten Welt zu helfen, sich selbst zu versorgen? Damit endlich Schluß ist mit den Monokulturen, die ihnen von den Industrieländern aufge-

zwungen werden. Die Monokulturen liefern Nahrung für die Viehfabriken der wohlhabenden Nationen; für den Tagelöhner in der Dritten Welt bleibt dabei kaum etwas übrig.
Ja, ich will spenden für die katholische Kirche! Sie wird sich sicher auch dafür einsetzen wollen, daß die Überindustrialisierung in den armen Ländern aufhört, weil diese Länder dadurch nur hoffnungslos verschuldet und ausgepumpt werden!
Ja, ich bin begeistert! Dann — lese ich endlich weiter ... und ach! Und ach ...!

Worin sieht die katholische Kirche die große Krise? Die Menschheitsbedrohung? Darin —
»Daß die Zahl der Priester für so viele Menschen nicht mehr ausreicht. Schon heute gibt es oft nur einen Priester für 4000 Gläubige! Aus diesem Grunde müssen wir vorsorgen. Wir brauchen Geld für Priesterseminare!«
Oh, Gott!
Oh, Gott im Himmel — ist das Deine Kirche? Daß Menschen vor Hunger sterben, ist nicht so wichtig. Hauptsache, sie kriegen rechtzeitig ihr Sterbesakrament.

## Sauberer Bundestag

Der Bundestag ist ein »verkommenes Organ«, haben die Grünen-Abgeordneten Häfner und Mechtersheimer gesagt. Jawohl. Sie haben richtig gelesen. Ein verkommenes Organ.
Und warum? Eine lächerliche Begründung.
»Weil die tagtägliche Praxis der sogenannten Fraktionsdisziplin die Abgeordneten zu Marionetten der Exekutive macht. Der Bundestag droht zum Opfer seiner eigenen Abstimmungsrituale zu werden, er degeneriert zum Vollzugsorgan der Regierungspolitik!«
Es ist unfaßbar. So despektierlich reden diese Leute über die Würde unseres Bundestages. Ich bin empört. Dieser Mechtersheimer moniert zum Beispiel die Abrüstungsdebatte. Die FDP-Abgeordneten stimmten geschlossen mit der CDU/CSU, obwohl viele FDP-Abgeordnete eine ganz andere Meinung hatten.
»Das Parlament«, so Mechtersheimer, »verliert auf diese Weise an Ansehen!« Der Mann meint, der ein-

zelne Abgeordnete muß die Möglichkeit behalten, sich nach seinem Gewissen zu richten. Gerade das sei das Demokratische an der Demokratie — daß ein gewählter Volksvertreter frei nach seinem Gewissen entscheidet. Nach seinem Gewissen!
Daß ich nicht lache! Und jetzt hören Sie mal zu, Herr Mechtersheimer: Das alles sagen Sie doch nur, weil Sie damit vertuschen wollen, daß Ihre eigenen Leute mit schmutzigen Fingernägeln in den Bundestag gehen.
Beweis: Am 8. Mai 1987 hat Parlamentspräsident Philipp Jenninger den Grünen-Abgeordneten Peter Sellin zurechtgewiesen, weil er bei einer Zwischenfrage an Arbeitsminister Norbert Blüm die Hände in den Hosentaschen trug. Jenninger hat Ihrem Kollegen angedroht, ihn aus dem Saal zu weisen, wenn er nicht die Hände aus den Taschen nimmt. Daraufhin hat Sellin auf die Zwischenfrage verzichtet und ist zu seinem Platz zurückgeschlurft.
Philipp Jenninger weiß genau, worin die Würde des Hauses liegt! Nicht in solchen demokratischen Wunschvorstellungen, wie Sie sie haben, Herr Mechtersheimer, sondern darin, daß man die Hände aus der Tasche nimmt! Jeder Abgeordnete sollte saubere Hände und saubere Fingernägel haben — und sie auch vorzeigen können.
Denn Hände und Fingernägel hat fast jeder.
Daß alle Abgeordneten ein Gewissen haben, ist ja noch die Frage, Herr Mechtersheimer.

## Echt heiße Löcher!

Claudia ist 16. Ihr Taschengeld spart sie hauptsächlich für Klamotten. Verdient sich auch mal 'ne Mark nebenbei. Mit Babysitting und so.
Als Claudia vorgestern nach Hause kam, sah ihre Mutter sie von oben bis unten an und fragte:
»Du hast ja 'n Loch in deiner Jeans. Wo hast du dir das denn geholt?«
Nur ein mitleidiges Lächeln brachte Claudia zustande:
»O Gott, Mami, bist du out!«
»Wieso out? Du hast da ein großes Loch!«
Claudia seufzte tief — wie man es eben macht, wenn man mit geistig Zurückgebliebenen zu tun hat.
»Die hab' ich so gekauft, Mami. Das trägt man jetzt. Hundertfünfzig Eier.«
Mütter von heute beweisen häufig eine geradezu fabelhafte Lernfähigkeit.
»Aha«, sagte die Zurückgebliebene nur. »Jetzt also Jeans mit Löchern. Sehr apart. Nein echt.«
Claudia ging lässig auf ihr Zimmer. Nacktes Bein lugte sexy durch das Jeansloch.
Aber das war nur der 1. Akt.
»Warum läßt du auch deine Sachen immer überall rumliegen!«
Claudias Mutter hatte es ja immer gesagt.
Jedenfalls kam nachmittags Omi zu Besuch. Omi sah die Jeans mit dem Loch über dem Stuhl hängen. Omi konnte sich nicht beherrschen, ihrer Enkeltochter eine Freude zu machen.
Zwei Stunden später: »Welcher Idiot hat das Loch zugenäht!« schrie Claudia unter Tränen durch das Haus.

Omi — leicht gekränkt: »Wieso? Das ist ein Kreuzstich. Das ist ordentlich gemacht.«
»Omi, laß doch die Pfoten von meinen Sachen! Ich kauf' mir diese Jeans für 150 Mark!«
Omi brauchte 15 Minuten, um wenigstens theoretisch zu begreifen, daß man heute Jeans mit Loch trägt. Und gütig wie Omi ist, sagt sie: »Aber Kindchen, dann schneid ich dir eben das Loch wieder rein.«
Das war zuviel für Claudia.
»Seid ihr denn alle bescheuert? Als ob man so ein Loch einfach reinschneiden könnte! Tumor im Kopf!«
Omi aber ist echt süß. Sie will sich die Löcher jetzt mal im Original ansehen. Es macht sie irgendwie an, daß sie am Ende ihres Lebens noch mal lernen konnte, echt heiße Löcher in die Hosen zu schneiden.

## Heiliges Aids

Erzbischof Johannis Joachim Degenhardt aus Paderborn hat die Bundesregierung scharf kritisiert. Ihre Aufklärungskampagne gegen Aids enthalte nur Informationsmaterial über das Verhütungsmittel Kondom. Die sittlichen Gesichtspunkte würden darin völlig außer acht gelassen. Eheliche Treue zum Beispiel und Enthaltsamkeit vor und außerhalb der Ehe sowie Selbstbeherrschung machten Schutzmaßnahmen und Kondome überflüssig.
Und so stelle ich mir vor, wie der Erzbischof Johannis Joachim Degenhardt mit dem Himmel kommuniziert: »Heilige Mutter Gottes! Wir waren dem Himmel doch so dankbar, als er uns endlich diese schöne neue Seuche

Aids auf die Erde geschickt hatte. Jahrhundertelang hatte es doch so gut geklappt, Heilige Mutter, mit unserer Methode: Man muß die Menschen nur ordentlich knebeln und in Schuldgefühle stürzen, dann kommen sie auch in die Kirche.
Wir durften doch wohl annehmen, Heilige Mutter, daß der Herr die Sexualität extra für uns, die Kirche, geschaffen hat. Wenn ein Mann mit einer Frau geschlafen hatte und sie nicht durch kirchlichen Segen verheiratet waren, dann zitterten die beiden: Wenn's rauskommt, werden wir gesteinigt, verbrannt, in die Hölle geworfen — es sei denn, die Kirche vergibt uns.
Aber dann kam die Pille, dieser teuflische Anschlag auf die Kirche — und auf unsere Macht. Plötzlich hatten sie keine Angst mehr vor der Sünde. Sie liebten sich, sie wurden freier, die Sexualität belastete das Gewissen nicht mehr — ja, sogar die Qualität der Ehe wurde besser. Wer seinem Gemahl treu blieb, tat es nicht mehr aus Angst vor den Folgen eines Seitensprungs, sondern aus Liebe. Das konnte doch Deiner Kirche nicht nützen! Ach, es war furchtbar, Heilige Mutter! Unsere Macht schmolz dahin.
Doch dann — der Hoffnungsschimmer: Aids! Die himmlische Krankheit! Wir Kirchenmänner der alten Schule durften aus der Ohnmacht erwachen! Wir konnten wieder ›Sünder‹ und ›Sünderinnen‹ verdammen! ›Höllenopfer der Fleischeslust‹!
Darum flehe ich Dich an, Heilige Mutter: Mach wenigstens, daß diese verdammten Kondome nicht auch bei Ehebrechern funktionieren! Mach, daß sie immer kaputtgehen, wenn sie zum außerehelichen Verkehr benutzt werden. Amen!«

## Kußzwang

Beim Anblick unserer Volkszählungskomödie (oder -klamotte) im Frühjahr '87 fiel mir ein altes Märchen ein:
Es war einmal ein König. Der war bei seinem Volke wohlgelitten. Er sorgte umsichtig für Recht und Ordnung und erließ klug die Gesetze, die für ein gedeihliches Miteinander unumgänglich waren — gegen Mord und Diebstahl, zur Erhebung von Steuern usw. Das Volk mußte die Gesetze befolgen, und es befolgte sie auch. Denn es sah ein: Der König handelte klug, wie er die Gesetze zum Segen aller erließ.
Wenn man mal absieht von allerlei Bösewichtern, die keine Steuern zahlen wollten, oder Politikern, die Bestechungsgelder annahmen, funktionierte des Königs Staat einigermaßen.
Da sagte der König eines Morgens zu seinem Hofmarschall: »Ich werde ein Gesetz erlassen, daß jeder Bürger einmal mein Bild küssen muß.«
»Wozu das denn, Herr König?«
»Ich brauche das als Liebesbeweis, damit ich weiterhin Gutes tun kann für mein Volk. Habe ich das Recht, dieses Gesetz zu erlassen — ja oder nein?«
»Das Recht habt Ihr. Aber ich halte es für unklug, weil . . .«
»Gesetz ist Gesetz!« sagte der König. So erließ er das Königsabküßgesetz. Er schickte Beamte von Tür zu Tür mit seinem Bild, um es von den Bürgern küssen zu lassen.
Bald aber meldete des Königs Hofmarschall: »Viele Bürger sind brav und küssen Euer Bild. Aber eine ganze Menge weigert sich, das Bild zu küssen,

Herr König. Sie fragen, was das soll, und wollen nicht!«
Da lief der König rot an vor Wut. Er trampelte mit den Füßen und schrie: »Wenn ich ein Gesetz erlasse, dann ist es ein Gesetz! Denn ich bin ja ein gewählter König!« Und er gab Befehl, daß Polizisten mitgehen sollten von Tür zu Tür.
Da meldete der Hofmarschall alsbald: »Tut mir leid, Herr König. Sie versuchen alle möglichen Tricks, sich ums Küssen zu drücken. Einige küssen nur den Bilderrand und sagen: Bitte, ich habe das Gesetz erfüllt! Einige spucken auf das Bild und sagen, sie küssen immer so feucht. Und einige haben sogar erbrochen auf das Bild. Das sei aber nicht als Majestätsbeleidigung gedacht, sagen sie, sie hätten es eben mit dem Magen!«
Der König ging die Wände hoch und befahl, alle Nichtküsser zu verhaften.
»Das Gesetz ist das Gesetz!« schrie er. Wenig später meldete der Hofmarschall: »Seit Ihr Gewalt anwendet, Herr König, weigern sich immer mehr Bürger. Einige setzen sich schon mit dem nackten Hintern auf Euer Bild!«
Um es kurz zu machen: Der König wurde wahnsinnig vor Wut und Enttäuschung: »Gesetz! Gesetz! Gesetz!« schrie er bis an sein Lebensende wie blöd in seiner Gummizelle. Das Volk aber lachte noch einige Zeit darüber. Dann kümmerte es sich um seine Geschäfte.

# Seid fruchtbar ...

Auf der Grünen Woche '87 in Berlin haben Mitglieder des Verbandes der Deutschen Landjugend eine Dritte-Welt-Revue aufgeführt. Einer von ihnen spielte den Papst. Der Papst stieg aus dem Flugzeug, küßte die Piste und wünschte anschließend den halbverhungerten farbigen Bewohnern eines Dorfes weiteren Kindersegen. Das war zuviel für den Präsidenten des Deutschen Bauernverbandes, Constantin Freiherr von Heereman. Er verließ protestierend die Veranstaltung des Jugendverbandes seiner Organisation.

Weil mich dieser Vorfall — sozusagen aus Berufsgründen — interessiert, habe ich Herrn Heereman einen Brief geschrieben:

»Verehrter Herr Heereman!

Es geht mir doch sehr nahe, daß Sie so böse auf Ihre eigene Landjugend sind. Was haben die eigentlich so Schlimmes angestellt?

Die Fakten, um die es ging, kennen doch auch Sie genau: Eine immer größer werdende Zahl von Menschen plündert mit immer mehr Energie den Planeten Erde rücksichtslos aus. Wo gestern noch Tausende wenigstens in ärmlichen Verhältnissen leben konnten, ist heute schon einigen tausend Menschen mehr der Hungertod sicher, weil das Land durch Überbevölkerung zur Wüste wurde.

Nicht wahr, das alles wissen Sie so gut wie ich — und wie fast jeder heute.

Der einzige, der es eben noch nicht zu wissen scheint, ist der freundliche alte Herr Wojtila. Vielleicht hat er einfach noch nicht die Zeit gefunden, sich mit diesen irdischen Wahrheiten zu beschäftigen. Er hat schließlich

genug zu tun mit den überirdischen Dingen, den vielen Heiligen, dem Fegefeuer, der Sündenvergebung, der Teufelsaustreibung und so weiter. Ihre Landjugend, Herr Heereman, wollte deshalb den alten Herrn ein bißchen darauf hinweisen, daß er über die Heiligen und Seligen das schreckliche Los der Verhungernden nicht wahrzunehmen scheint: Mit Ihrem furchtbaren ›Seid fruchtbar und mehret euch‹, Herr Wojtila, begehen Sie einen noch viel verhängnisvolleren Fehler als damals Ihre Vorgänger mit Galileo Galilei! Auch damals durfte der Irrtum kein Irrtum sein. Denn irren ist ja nicht päpstlich. Und trotzdem dreht sich die Erde um die Sonne.
Das wollte ihre Landjugend dem Papst sagen, Herr Heereman. Warum haben Sie den Saal verlassen?
›Mit der Papst-Szene ist die Grenze des Vertretbaren überschritten!‹ haben Sie gesagt. Es war Ihnen alles zu respektlos und zu unhöflich.
Ach ja! Seien Sie ehrlich. Die Unhöflichkeit begehen doch schon die Verhungernden selbst. Wie kann man so respektlos sein, von den Worten des Papstes nur selig zu werden und nicht auch satt!
Mit freundlichen Grüßen«

## Gleichberechtigung

---

**Hermine:** Hermann! In der Zeitung steht, jetzt sollen bald auch Mädchen zur Bundeswehr.
**Hermann:** Ja, aber nicht als richtige Soldaten. Nur so in der Schreibstube oder als Sanitäter.
**Hermine:** Na, ich weiß nicht. Wenn die Frauen erst mal

Soldaten sind, dann wollen sie auch mal schießen. Gleichberechtigung!

**Hermann:** So weit kommt das noch. Vielleicht noch 'n Phantombomber fliegen oder 'n Panzer fahren, was?

**Hermine:** Und warum nicht, Hermann?

**Hermann:** Ist doch nix für Frauen. Stell dir mal vor, 'ne Frau in so 'nem Riesenpanzer.

**Hermine:** Mit Servolenkung, Hermann. Haben wir doch auch. Autofahren können die Frauen ja auch meistens besser als die Männer.

**Hermann:** Autofahren kann man doch nicht mit 'n Krieg vergleichen. Frauen sind doch viel zu weich. Im Ernstfall fangen die an zu heulen, statt zu schießen.

**Hermine:** Das sag man nicht. Beim Kinderkriegen verliern auch immer die Männer die Nerven. Frauen sind Schmerzen gewöhnt.

**Hermann:** Ach, was du da redest. In einem modernen Krieg ist das sowieso alles anders. Da geht das alles mit Computer und verschlüsselten Codes.

**Hermine:** Das können Frauen auch. Im Reisebüro bewunder ich immer die jungen Mädchen — wie die mit dem Computer umgehen. Toll.

**Hermann:** O Gott! Im Reisebüro! Da buchen sie für Mallorca. Aber im Ernstfall — da muß jemand auf den roten Knopf drücken. Verstehst du: auf den roten Knopf!

**Hermine:** Geht das denn so schwer? Braucht man da ordentlich Muskeln zu?

**Hermann:** Ach was! Aber eiskalte Nerven. Ganz Rußland in die Luft jagen. Und Polen noch dazu. Weißt du, was das heißt? Zehn Millionen Menschen auf einmal! Da sind Frauen doch viel zu sentimental zu.

**Hermine:** Weiß nicht, Hermann. In der Zeitung stand:

Da hat eine Frau ihrem Mann den Kopf abgeschnitten und in die Tiefkühltruhe getan.

**Hermann:** Ja, Frauen sind eben Gefühlsmenschen. Aber im Ernstfall, da geht es um eiskalte Logik. Also: Die Russen schicken ihre Raketen los. Was nun? Ist es vielleicht nur ein Irrtum vom Computer? Schießen sie vielleicht bloß auf Europa? Oder auch auf Amerika? Die halbe Menschheit hängt davon ab, was du nun tust.

**Hermine:** Siehst du wohl, Hermann. Da hilft keine Logik. Das ist reine Gefühlssache.

**Hermann:** Ach, laß mich doch zufrieden.

**Hermine:** Schimpf doch nicht, Hermann. Deine Zigarrenasche. Paß doch auf. Ich mein ja nur: Frauen können genauso auf den roten Knopf drücken. Vielleicht sogar besser. Weil sie eine ruhigere Hand haben. Mehr Zartgefühl.

**Hermann:** Außerdem gibt es nicht nur einen roten Knopf, sondern immer zwei. Da müssen zwei Offiziere oder so gleichzeitig draufdrücken, sonst läuft da überhaupt nix.

**Hermine:** Na, siehst du wohl, Hermann. Eine Frau und ein Mann. Die drücken beide gleichzeitig auf den roten Knopf und sprengen die Welt in die Luft. Das ist die wahre Gleichberechtigung.

# V

# LEG DICH HIN UND MURRE NICHT

## Ach du liebe Fraugott

---

**Hermann:** In Amerika haben die Frauen gegen den Papst demonstriert. Wegen Diskriminierung der Frauen in der Kirche. So eine Frechheit. Haben die nicht mal mehr vorm Heiligen Vater Respekt?

**Hermine:** Wieso denn, Hermann? Da hat der Papst doch selber schuld. In der Kirche gibt es keine Gleichberechtigung. Frauen dürfen doch gar nichts. Nicht mal Pfarrer werden.

**Hermann:** Tjä — so steht das nun mal in der Bibel. Die Frau soll in der Kirche den Mund halten. Und wenn sie was wissen will, soll sie zu Hause ihren Mann fragen. Paulus, glaube ich, an die Korinther. Da ärgern sich natürlich die Emanzen.

**Hermine:** Bloß komisch, daß der Papst dann Maria so verehrt. Pfarrer darf ’ne Frau nicht werden. Aber Maria ist die Allergrößte und sogar eine Göttin.

**Hermann:** Maria wird doch nicht als Frau verehrt — sondern als Mutter Gottes.

**Hermine:** Ach, ist ’ne Mutter vielleicht keine Frau?

**Hermann:** Klar. Aber in diesem Sinne ist Maria eben gar keine Mutter. Nicht so wie normale Frauen. Maria ist Mutter und trotzdem noch Jungfrau! Da hat doch sogar diese Tochter von unserem früheren Bundespräsidenten Heinemann ihren Job verloren. Weil sie behauptet hat, so was geht gar nicht: Mutter und trotzdem Jungfrau.

**Hermine:** Nee, so was geht auch nicht. Das weiß ich zufällig genau.

**Hermann:** Ja du! Mit dir ist ja auch kein Wunder passiert. Aber Gott hat das mit Maria gemacht, weil sein Sohn nicht von einem sündigen Weib geboren werden sollte. Denn das Weib hat ja das Böse in die Welt gebracht.

**Hermine:** Wie umständlich! Dann hätte Gott ja gleich machen können, daß sein Sohn von einem Mann geboren wird! Da hätte er sich das ganze Theater erspart. Das gibt es übrigens — in den alten Geschichten von Zeus und so. Da entspringen die Söhne manchmal aus dem Ohr des Vaters oder auch aus dem Meer.

**Hermann:** Typisch Frauenlogik. Vielleicht behaupten die Frauen eines Tages noch: Der liebe Gott ist selber 'ne Frau!

**Hermine:** Ja, das wäre schön! Dann wäre nämlich endlich klar: So wie du und wie der Papst über die Frauen denken — das ist die reine Gotteslästerung!

## Technisch perfekt

Gestern hat mich Ingenieur Krohn wieder im Auto mitgenommen. Er ist ein netter Mensch. Nur wenn jemand etwas gegen seine geliebte Technik sagt, geht's ihm wider die Natur.

»Technisch ist einfach alles machbar«, sagt Krohn. »Die Technik ist hundertmal zuverlässiger als der Mensch!« Es bereitet mir immer ein boshaftes Vergnügen, ihn ein bißchen mit diesem Thema zu ärgern: »Ich warte bloß drauf, bis zum Beispiel mit der tollen Technik im Kernkraftwerk Krümmel mal was schiefgeht. Kernschmelze oder so.«

»So ein Quatsch«, sagt Krohn sofort. »Sie wissen ja nicht, wovon Sie reden. Gerade dieser Reaktortyp hat einen Sicherheitsstandard, technisch einfach perfekt, sag' ich Ihnen!«

»Ich hab' neulich gelesen«, sage ich leichthin, »im Atomkraftwerk Neckarwestheim müssen 836 Schrauben am Reaktor ausgetauscht werden. Die sind defekt. Kosten etwa 200 Millionen Mark.«

»Da ist doch nicht die Technik schuld! Schlamperei war das. Korruption. Die wollten am falschen Ende sparen!«

»Neulich stand in der Zeitung: In England zeigten sich Risse in der Reaktorhülle eines Kernkraftwerkes. Man stellte fest: Da muß ein Arbeiter kurz nach der Betonschüttung irgendwo in die Ecke gepinkelt haben. Der Beton hat nicht richtig abgebunden. Jetzt mußten die das halbe Kernkraftwerk auseinandernehmen.«

»Na bitte! Ein Arbeiter, so ein Ferkel. Und alles schreit: Kernkraftwerke sind nicht sicher!«

»Oder der Fall, wo ein Elektriker mit der brennenden Kerze in den Schacht für die elektrischen Leitungen gekrochen ist, so daß fast ein GAU ausgelöst wurde...«

»Ach, hören Sie doch auf. Man kann doch nicht die Technik für die Dämlichkeit des Menschen...«

In diesem Augenblick rumpelt es. Das Auto hoppelt. Krohn tritt mitten auf der Kreuzung auf die Bremse. Rums! macht es. Hinten fährt einer auf. »Verflucht

noch mal!« schreit Krohn. »Kein Benzin. Meine Frau hat nicht getankt. Dabei hat sie's mir versprochen!«
»Und warum hat Ihre Tankwarnlampe nicht aufgeleuchtet?«
»Weil der Wagen vorgestern in der Werkstatt war! Die müssen wieder geschlampt haben!!«
»Na, Gott sei Dank«, sage ich. »Ich hatte schon Angst, die Technik hätte versagt.«

## Buchmesse und Video

**Hermine:** Was machst du da, Hermann? Willst du das Regal nun auch noch mit Beschlag belegen für deine Videos?

**Hermann:** Müssen ja irgendwo stehen.

**Hermine:** Ach, Hermann — wie sieht das aus? Bücher sehn viel schöner aus. — Wie ich neulich bei Margret war: alle Regale voller Bücher. Sie hat schon 3000 Bücher, sagt sie. Sogar im Schlafzimmer.

**Hermann:** Von mir aus.

**Hermine:** Sie fährt zu jeder Buchmesse. Die neuesten Bestseller angucken. Die haben jedes Jahr — was hat sie gesagt? — 90 000 neue Bücher.

**Hermann:** So 'n Quatsch. Die kann doch sowieso die ganzen Bücher nicht lesen. Muß doch arbeiten und die Kinder versorgen.

**Hermine:** Nee, lesen kann sie nicht alle, sagt sie. Aber es ist ein schönes Gefühl, sagt sie, alle die modernen Bücher zu besitzen.

**Hermann:** Geldverschwendung. Wenn sie sie doch nicht liest, kann sie auch gleich Altpapier da hinstellen. Wär billiger.

**Hermine:** Immer noch besser Bücher, die man nicht lesen kann, wie den ganzen Schrank voller Videos, die man nie angucken kann, Hermann.

**Hermann:** Die guck ich schon noch an. Alle!

**Hermine:** Wann denn, Hermann?

**Hermann:** Wenn ich Zeit hab. Wenn ich mich zur Ruhe setze.

**Hermine:** Aber du bist doch schon Rentner, Hermann. Jeden Tag zeichnest du auf vier Programmen mit den drei Videoapparaten zusammen mindestens 24 Stunden auf. Weil du ja in der andern Zeit immer noch direkt das Programm angucken mußt. Ja, wenn mal drei Jahre alle Fernseher ausfallen. Aber das tun sie ja nicht.

**Hermann:** Fang nicht wieder damit an. Das ist schließlich meine Sache.

**Hermine:** Ich sag ja auch nur: dann schon lieber Bücher.

**Hermann:** Bücher, die man nicht lesen kann, sind auch nicht besser als Videos, die man nicht angucken kann.

**Hermine:** Von zuviel Videos wird man dumm im Kopf und verblödet.

**Hermann:** Von Videos, die man gar nicht sieht?

**Hermine:** Bücher jedenfalls kann man nie genug haben. Weil Bücher bilden.

**Hermann:** Bücher, die man nicht liest, bilden genauso wenig wie Videos, die man nicht sieht, verblöden!

**Hermine:** Ich weiß nicht. Wenn man Bücher nicht liest, wird man davon auch nicht klüger. Das stimmt. Aber wenn man Videos nicht sieht, verblödet man nur nicht. Es ist doch nicht dasselbe, ob man nicht klüger wird oder ob man nur nicht verblödet.

**Hermann:** Glaubst du, du kannst mich beleidigen? Willst du behaupten, ich verblöde?!

**Hermine:** Nein. Versteh doch. Ich sage: Du verblödest bloß nicht. Weil du die Videos ja gar nicht angucken kannst. Aber Margret . . .

**Hermann:** Margret kann meine Videos ja auch nicht angucken.

**Hermine:** Das will sie doch auch gar nicht.

**Hermann:** Aber das wissen doch meine Videos nicht. Genauso, wie ihre Bücher, die sie nicht lesen kann, nicht wissen können, daß ich ihre Bücher auch nicht lesen kann, weil ich ja noch nicht mal meine Videos alle angucken kann.

**Hermine:** Nee, nee, Hermann. Wenn man Bücher, die man hat, nicht liest, dann ist das ganz was anderes, als wenn man Bücher, die man sowieso nicht hat, auch wenn man sie hätte, nicht lesen könnte, weil man ja schon soviel Videos hat, die man ansehen müßte, wenn man die Zeit hätte, alles anzugucken, was man 24 Stunden täglich auf vier Kanälen aufzeichnet. Was machst du denn nun wieder?

**Hermann:** Im Dritten beginnt der Krimi. Den muß ich aufzeichnen.

## Leichen im Keller

»Irgendwie lahm«, sagte Verena und knabberte am Kartoffelchip. Wir hatten eine Fernseh-Wahldiskussion im Dritten angestellt. Früher war das immer spannender als ein Krimi.

»Arbeitslose Klagen an«, schrie zum Beispiel, sagen wir mal, der SPD-Kandidat. Oder: »Die Umwelt stirbt — und Sie sind Ihr Mörder!« Oder: »Milliarden-Betrug am Bürger!« Da wurde gnadenlos gefightet, daß die Fetzen flogen.

Und jetzt?

Kaum ein böses Wort.

»Selbstverständlich sprechen wir Ihnen, Herr Kollege von der CDU, nicht den ehrlichen Willen ab . . .«

»Wir behaupten ja gar nicht, daß Sie und die SPD hier mit Absicht in die Irre führen, nur . . .«

»Zum Einschlafen!« rief Verena. »Was haben die bloß?«

»Was die haben«, sagte Paul, unser Freund, der Gerichtsreporter, der gerade zu Besuch war. »Ganz einfach: Die haben alle ihre Leichen im Keller.«
»Wie bitte?«
»Paß mal auf. Jetzt will der SPD-Mensch grad was sagen!«
Wir hörten hin. Er sagte was von »Polizeistaatmethoden, Wackersdorf und ...«.
Aber schon verstummte er.
»Habt ihr nicht gesehen? Das Zeichen, das der Gegner ihm gemacht hat — mit den Händen. Das hieß wahrscheinlich: Hamburger Kessel. Da ist er plötzlich ganz leise geworden.«
Jetzt wurden wir aufmerksam.
»Wenn in dieser Stadt unter Ihrer Regierung die Neue Heimat...«, wollte der CDU-Mensch loslegen. Aber sein Gegenüber machte ein Fingerzeichen und brummte wie ein Bär.
»Das sollte wohl heißen: Flick und Berliner Bauskandal«, sagte Paul.
Tatsächlich — wir hatten des Rätsels Lösung. Immer wenn einer der Wahlkampfhähne mal loslegen wollte, z. B. mit »Arbeitslosigkeit« oder »Umweltverpestung« oder sogar »Kernenergie«, machte der andere ein kleines Zeichen und grinste dazu ganz unverschämt. Schon lenkte der Angreifer elegant und unverbindlich ein — und setzte sich still wieder hin.
»Holst du meine Leiche raus, hol ich deine Leiche raus«, sagte Paul. »Kein Wunder, daß das kein Krimi mehr wird — höchstens so 'ne Art Wort zum Sonntag!«

## Büttenrede

Mitten im Fasching sitze ich ausgerechnet in Köln. Ich sitze in einem Café und lese die Zeitung. Von irgendwoher kommt alle paar Sekunden dieser nervtötende Karnevalstusch:

»*Tätä! Tätä! Tätää!*«

Da fällt mir plötzlich auf: So schwachsinnig ist dieses Tätä!, Tätä!, Tatä! eigentlich gar nicht. Ja, solange der Tusch bei den Büttenreden sozusagen als Hinweis dient: Achtung, hier ist die Stelle, wo gelacht werden muß — da wirkt er natürlich peinlich. Eine gute Pointe muß aus sich selber wirken. Aber so beim Zeitungslesen! Passen Sie mal auf. Ich lese Ihnen einfach aus meiner Zeitung vor:

»EG soll Butter lieber vernichten!«

*Tätä! Tätä! Tätää!*

»Rechnungshof hält Vernichtung für billiger als Abgabe an fremde und bedürftige Länder.«

*Tätä! Tätä! Tätää!*

Na ja, vielleicht etwas mehr in Moll. Ich lese weiter:

»Wiener Opernball.«

*Tätä! Tätä! Tätää! Tätä! Tätä! Tätää!*

(Ja, der hat's verdient.)

». . . schließlich wird es nicht nur drinnen zu einer rauschenden, sondern auch draußen vor der Oper bei der Demonstration gegen Strauß zu einer blutigen Ballnacht. Manfred S., Augenzeuge: ›Die haben junge Menschen gejagt, geprügelt, auf junge Frauen eingeschlagen . . .‹ Franz Josef Strauß: ›Ich bin Narren seit vielen Jahren gewöhnt, da kommt es auf ein paar mehr oder weniger nimmer drauf an . . . das ist mir Wurscht!‹«

Aber jetzt alle:

*Tätä! Tätä! Tätää!*
Und nun probieren Sie es mal selber, lieber Leser. Die Büttenrede-Tusch-Methode beim Zeitungslesen offenbart nur, was wir alle wissen: Die Welt ist ein Narrenhaus, und die Narren brauchen ihren Tusch.

## Zug der Tiere II

Vor einiger Zeit hatte ich einmal eine Vision. Ich sah den Zug der Tiere. Wie sie sich vor der Stadt versammeln zu einem riesigen Protestmarsch und schweigend auf die Stadt zumarschieren. Sie tragen Transparente: Mensch, hör auf, die Welt zu töten / alles Leben zu zertreten / dir gehört die Erde nicht allein! Als ich die Schreckensbilder vom Rhein sah, diese Tausende von verendeten Fischen, dachte ich noch: Ach, diese armen Geschöpfe! Sie können sich ja nicht wehren! Wie sollen sie sich jemals erheben und zurückschlagen?
Doch dann, am selben Abend, habe ich etwas anderes bemerkt. Unsere Nachbarin kam herüber und sagte: »Ich habe Angst um mein Baby. Von Anfang an habe ich es mit derselben Hautcreme behandelt. Nun erfahre ich: Da ist Dioxin drin. Weil diese Creme aus Fetten gemacht wird, die aus ausgewaschener Schafwolle gewonnen werden!«
In derselben Stunde kam aus dem Radio die Meldung: Bestimmte Heilsalben, die für die Haut-Wundbehandlung verwendet werden, enthalten Dioxin. Sie wurden aus tierischen Fetten gewonnen. Am selben Abend wasche ich meine Haare. Mit einem extra schonenden Haarwaschmittel. Nach dem Waschen erfahre ich von

meiner Freundin: »Du, da ist Dioxin drin in dem Shampoo. Haben sie im Fernsehen gebracht.«
Da geht wieder das Telefon. Meine Schwester:
»Ich hab' gestern Miesmuscheln gegessen. Wollte nur fragen: Falls was passiert — nehmt ihr die Kinder?«
Etwas später habe ich wieder mein Sodbrennen. Das ist nicht schlimm. Da hilft bei mir immer ein Glas Milch. Ich gehe in die Küche, schenke mir ein Glas Milch ein. Als ich es trinken will, habe ich plötzlich Angst:
Ist er vielleicht schon da, der Zug der Tiere? Sind sie schon in meinem Haus? Nicht als poetische Vision, sondern wirklich! Über die Nahrung sind sie gekommen. Über alles, was ich esse und trinke. In der Salbe, die mich heilen soll, schicken sie mir ihre Vergeltung. In der Kleidung, in den Getränken, aus dem Holz der Möbel, im Abendbrot, das ich jetzt esse: Sie kommen, sie kommen von überall und nehmen Rache für das, was wir ihnen angetan haben!

## Die Midlife-Crisis-Moritat

(Oder: Wie es Karl-Heinz Lebrecht erging, welcher nichts anderes getan hatte, als was im Leben jeden gesunden Mannes einmal vorkommt, nebst den rechtlichen und soziologischen Folgen daraus)

Oft habt ihr gehört von geilen
Kerlen. Wie sie schändeten
Fraun und Mädchen, welche meistens
dann im Elend endeten.

Oder auch vom Joch der Ehe
hörtet ihr. Des Weibes Pflicht
ist Gehorsam. Ihm zur Freude
leg dich hin und murre nicht.

Ja, in guten alten Zeiten
edler Sitten, starken Rechts
war der Mensch noch ein Gebieter,
und zwar männlichen Geschlechts.

Also sprach die Klageworte
Karl-Heinz Lebrecht, Spediteur.
»Dreht die Welt sich schon verkehrt rum?«
Hört, wie's ihm ergangen, her!

Zwanzig lange Ehejahre
schwitzt er für die Spedition.
Seine Frau, die heißt Regine.
Und kein Kind und auch kein Sohn.

Karl-Heinz Lebrecht war kein andrer
Ehemann wie andre auch.
Hat gebaut ein kleines Landhaus.
Und auch einen kleinen Bauch.

Auch was dann kam, war wie immer,
wenn ein Mann erst vierzig ist.
Irgendwann kommt eine Rita.
Mensch, du glaubst nicht, wie die küßt.

Karl-Heinz Lebrecht seine Rita,
eine junge Geigerin,
gab ihm erst ein Schubert-Rondo
und danach sich selber hin.

Und das alles zwischen Kisten,
die Karl-Heinz als Spediteur
Rita unters Dach getragen.
»Starker Mann«, rief sie, »komm her!«

Lebrecht war, als wär er achtzehn.
O du schöne Geigerin.
Und schlich jeden zweiten Abend —
ohne Kisten — wieder hin.

Einmal fragt Karl-Heinz die Rita,
scherzhaft halb, halb wollusttoll,
ob sie auch die Pille nähme —
doch sie lacht geheimnisvoll.

Abends müde zu Regine
kam er heim. »Die Spedition
kostet soviel Überstunden.«
Doch die Frau, die ahnt es schon.

Und eh Lebrecht es nur dachte
(oft er noch zu Rita schleicht),
sprach Regine: »Heinz, ich habe
unsre Scheidung eingereicht!«

Lebrecht fiel aus allen Wolken.
»Deinen angetrauten Mann«,
sprach er, »kannst du doch nicht einfach . . .«
»Doch«, sprach sie, »mein Schatz: Ich kann!«

Zeigt auch gleich von ihrem Anwalt
eine Güterreglung schon:
»Ich behalt das Haus, und du kriegst
deine Pleitespedition.«

Lebrecht war enttäuscht, verbittert.
Und nun blieb ihm nur noch eins:
»Rita«, sprach er, »seine Ehe
opferte dir dein Karl-Heinz!«

Nun merkt auf: An dieser Stelle
wird aus der Geschichte jäh
eine Frauengleichberechti-
gungsmotivtragödie!

Rita nämlich war ein Mädchen
voller Bildung und Musik.
»Tut mir leid, Karl-Heinz, mein Braver:
Du bist nicht mein großes Glück.

Ja, das Kind, das ich erwarte,
wollte ich von Anfang an.
Doch mit Kind und Violine
brauch ich nicht auch noch 'nen Mann!«

»Wie? Ein Kind von meinem Blute?!
Einen kleinen Spediteur?«
Aber Rita schlägt die Tür zu.
Nur bezahlen dürfe er.

Aus dem Fenster sich zu stürzen
rang Karl-Heinz mit dem Entschluß.
Was sind das für finstre Zeiten,
wo ein Mann so leiden muß?

Wo du deinen Samen spenden
darfst der Frau als Lustobjekt,
die am Ende deiner Lenden
Früchte dann vor dir versteckt?

Wo die eigne Frau gerichtlich
deines Schweißes Lohn kassiert —
und in deinem Haus ein neuer
Freund sich köstlich amüsiert!

Lebrecht wollt sich erst ermorden.
Fragt ihr, wie's ihm heute geht?
Er ist impotent geworden!
Doch das ist ja nun zu spät.

## Kleiner Unfall!

---

Wenn irgendwo Gift ins Flußwasser läuft oder ein Lkw mit radioaktivem Material umkippt, heißt die Parole immer: Bloß nichts zugeben! Alles herunterspielen. Aufpassen, daß es nicht an die Öffentlichkeit kommt. So entsteht dann die gesunde Lebenserfahrung: Pannen, von denen wir nichts erfahren, sind schlimm genug. Wenn aber eine Panne sogar zugegeben wird, dann ist sie bestimmt noch tausendmal schlimmer, als man uns weismachen will.
Bei diesem Phänomen handelt es sich um die sogenannte »Dialektik der Verunsicherung«.
Neulich hatte ich in diesem Punkt auch ein privates Erlebnis. Cornelia rief an:
»Uns ist da was Blödes passiert. Reinhard hat unsere Holztreppe imprägniert mit so einem fungiziden Holzschutzmittel. Blöderweise hat er den Topf mit noch einem Liter drin in der Pause auf den Rand der Badewanne gestellt. Da ist er umgekippt, und alles ist in den Abfluß gelaufen. Du weißt doch, hier draußen ist

noch keine Kanalisation. Es geht alles in die Sickergrube.«
»Ja, dann melde es doch. Ruf die Polizei an.«
»Bist du verrückt? Die glauben mir doch nie, daß es nur ein Liter war. Die denken doch: Wenn einer schon was meldet, dann muß es wohl die tausendfache Menge gewesen sein, weil das alle so machen. Und dann habe ich gleich ganz Schleswig-Holstein auf dem Hals!«
An dieser Stelle spürte ich das merkwürdige Kitzeln im Bauch. Die Dialektik der Verunsicherung. Da war sie wieder!
»Sag mal, Cornelia — wieviel Liter waren es denn nun wirklich?«
»Ein Liter, sage ich doch. Bestimmt!«
»Mädchen, wenn es nur ein Liter war, dann würdest du mich doch nicht extra anrufen und um Rat fragen.«
»Hans, ich sage dir doch...«
»Oder war es ganz etwas anderes? Dioxin vielleicht?«
»Ach, laß mich doch zufrieden! Ich denke, du bist mein Freund!«
Damit hat sie aufgelegt. Das tut mir leid. Ich glaube Cornelia ja, daß es wirklich nicht so schlimm ist — allerdings —, ja, ich merke schon, auch Sie, mein Leser, denken jetzt: Warum erzählt er denn solch eine Geschichte überhaupt? Da wird schon mehr dahinterstecken. Warum soll ausgerechnet seine Freundin Cornelia der einzige Mensch im Lande sein, der einen kleinen Unfall meldet, wenn es wirklich nur ein kleiner Unfall war?!

Oh, wenn ich meinen seltsamen Bekannten, Herrn Z., nicht hätte. Der rückt mir mein Weltbild immer wieder zurecht. »Diese Trottel von Staatsanwälten!« hatte ich gerufen. »Solche Weihnachtsmänner!« Da hatten sie sich gerade von den Anwälten der Deutschen Bank reinlegen lassen — »Bedenken Sie bitte noch dieses«, »Aufmerksam machen möchten wir noch auf jenes« — und der Staatsanwalt prüft und hakt es ab —, und schon haben sie die Verjährungsfrist für die Steuerhinterziehung im Parteispendenskandal verschlafen. Das war im Dezember 1986.
»Nachtwächter! Schafsköpfe!« rief ich.
»Vorsicht! Vorsicht!« sagte Herr Z. hierauf. »Bedenken Sie: Die Staatsanwälte haben schließlich noch mehr zu tun. Und viel Wichtigeres. Wenn so ein Staatsanwalt zum Beispiel auf seinem Weg zur Deutschen Bank an einem Beate-Uhse-Laden vorbeigeht, muß er vorher stehenbleiben und Anstoß nehmen. Dann muß er Anzeige erstatten wegen Verbreitung von Pornographie.«
»Und was hat das mit der Deutschen Bank zu tun?«
»Es kostet Zeit und Arbeit, mein Lieber. Die Sache mit Beate Uhse zum Beispiel ging erst mal vors Landgericht. Dem Landgericht reichte das Material für den Pornographie-Vorwurf nicht aus. Also mußte die Staatsanwaltschaft — sich zufriedengeben? Nein! Sie mußte Beschwerde beim Ersten Strafsenat des Oberlandesgerichts einreichen. Das OLG lehnte dann die Eröffnung eines Strafverfahrens auch ab.«
»Ja, und?«
»Die Aktenberge, mein Lieber! Die Arbeit, die da drin-

steckt. Oder nehmen Sie das Autorückfensterscheibenvereisungsverbrechen. Ein Autofahrer sollte zwanzig Mark zahlen, weil seine Autofensterrückscheibe vereist war. Er legte Einspruch ein — weil er zwei Außenspiegel hatte. Einspruch vom Amtsgericht abgelehnt. Vors Oberlandesgericht damit. OLG entscheidet: Natürlich reichen zwei Außenspiegel. Wenn z. B. hohe Ladung die Durchsicht durchs Rückfenster versperrt — zwei Außenspiegel reichen. Alles korrekt!«
»Absurd. Aber was soll mir das?«
»Ich versuche nur, Verständnis für Staatsanwälte und Justiz zu finden. Jeden Parksünder, jeden Eierdieb, jedes Hundehaufen-Herrchen müssen sie mit deutscher Gründlichkeit durch sämtliche Instanzen verfolgen. Jeder Hilfssheriff bringt ihnen täglich neues hochbrisantes Material über Parkuhrenverstöße und Gartenlaubverursacher. Das alles muß dann durch sämtliche Polizeistellen, Behörden, Staatsanwaltschaften, Gerichte und Obergerichte geprüft, bewertet, abgewogen, hin- und hergeschrieben werden.
Und darum muß man doch nun wirklich mal etwas Nachsicht üben, wenn diesen sonst so eifrigen Staatsdienern einmal so ein kleines Millionenprojekt bei der Deutschen Bank durch die Maschen rutscht.«

## Nur Geduld!

»Aufhören! Sie sollen aufhören mit diesem Wahnsinn!« Ein Mädchen in Ölzeug kam auf mich zugerannt. Sie hielt einen toten Vogel in der Hand. Eine ölverschmierte Ente. Die ganze Szene spielte sich

an der Nordseeküste ab. In der Nähe von Friedrichskoog.
»Beruhigen Sie sich doch. Regen Sie sich doch nicht so auf«, sagte ich.
»Die Vögel, die Fische, die Seehunde! Alles, alles geht zugrunde. Da muß doch etwas geschehen. Noch diese Stunde! Noch diese Minute!«
»Geduld, Geduld. Es geschieht doch auch etwas«, sagte ich. »Haben Sie nicht gehört? Die Regierung wird noch einmal Millionenbeträge bereitstellen, um eine noch gründlichere Erforschung der Nordsee-Vergiftungsstrukturen durchführen zu lassen. In einer wissenschaftlichen Langzeitstudie soll bis in die letzten chemischen Reaktionen untersucht werden . . .«
»Wie? Was? Was wollen die denn da noch untersuchen? Aufhören sollen sie. Sofort! Abdrehen alle Gift-Abwasserhähne! Jeden Kapitän sofort verhaften, der noch immer Altöl in die See abläßt. Den Chemiebetrieben die Produktion stillegen . . .«
»Aber meine Liebe!« rief ich. »So dilettantisch kann man diese Probleme nun wirklich nicht angehen. Eine tote Ente als solche hat überhaupt keine Aussagekraft.«
»Wie bitte? Keine Aussagekraft?«
»Der Ausspruch ist nicht von mir. So steht es im regierungsamtlichen ›Nordsee-Report‹ des Bonner Forschungsministeriums. So ein verendetes Tier spiegelt mehr ›das verletzte ästhetische Empfinden des Menschen als die tatsächliche ökologische Katastrophe wider‹. Was nötig ist, ist eine endgültige wissenschaftliche Studie über Konstanz und Abbau der Gifte sowie über deren Verbreitung unter Berücksichtigung der unterschiedlichen Strömungsverhältnisse und vor allem der genauen Verteilung der Giftkonzentration in der pyra-

midischen Nahrungskette. Erst durch eine solche umfassende Datenerhebung ist es dann möglich, Gutachten auszuarbeiten, die eine schrittweise und detaillierte Empfehlung geben, die planmäßige Verminderung der Schadstoffeinleitungen zu realisieren und — au! Au! Au!«

Da schlug mir doch das Mädchen tatsächlich den toten Vogel um die Ohren.

Ich konnte nur noch stottern: »Hören Sie mal. Was soll denn das? Ich schildere Ihnen doch nur den Gang der Dinge!«

## Die Einmach-Oma

»Schön ist das. Wenn man als alter Mensch noch merkt, daß man gebraucht wird. Daß alles einen Sinn hatte.« So sprach Onkel Alfred vor ein paar Tagen zu mir, als wir Oma Mewes zu Grabe trugen. Oma Mewes — die Einmach-Oma.

Sie und ihr Mann Christian haben sich über vierzig Jahre nicht beirren lassen! Gegen den Spott der ganzen

Familie haben sie seit Kriegsende noch immer jedes Jahr in ihrem Garten Erbsen, Bohnen, Wurzeln, Zwiebeln und sogar Kartoffeln angebaut. Angefangen hatte es bei ihnen wie bei so manchem Kleingartenbauern in der schlechten Zeit, kurz vor Ende des Krieges. Aber je besser die Zeiten wurden, desto weniger Gartengemüsefarmer gab es. Aus Kartoffelacker und Tomatenplantage wurde Zierrasen mit Edeltanne.

Nur bei Christian und Emma Mewes nicht. Jahr für Jahr bestellte Christian seinen Gemüsegarten. Und Emma stand in der Küche und weckte ein.

Bis in die sechziger Jahre ließ die Familie es sich ja noch gefallen. Man nahm ganz gern mal ein Glas Birnen oder selbsteingemachte Erdbeermarmelade mit. Aber Oma Mewes' Vorratskeller war schon längst bis unter die Decke vollgestapelt. Jeder, der zu Besuch kam, mußte mindestens zwei Gläser mitnehmen. Und irgendwann spielte die Familie nicht mehr mit.

»Wir sind doch nicht mehr im Krieg! In jedem Supermarkt kriegt man Erbsen und Wurzeln nachgeworfen! Ein Garten lohnt sich nicht mehr. Legt doch Rasen an, pflanzt Blumen.«

Oma und Opa Mewes aber ließen sich nicht beirren. Und Opa sagte noch: »Eines Tages werdet ihr euch noch alle zehn Finger danach lecken!«

Als Opa vor zwei Jahren starb, standen auch noch das frühere Kinderzimmer, die Waschküche und der Werkraum bis oben hin voller Eingemachtem und Konserven. »Wenn Einmach-Oma stirbt, kommt alles auf den Müll. Will ja doch keiner haben«, lautete der geheime Familienbeschluß.

Und dann geschah das Wunder.

Plötzlich, Mitte '86, erschien erst Eva, Emmas Enkelin. Ihr Baby war gerade ein Jahr alt.

»Du hast doch noch soviel Eingemachtes aus der guten alten Zeit«, hieß es. Und Erbsen und Wurzeln, die Brechbohnen und der Rosenkohl gingen weg wie warme Semmeln.
Immer mehr Säuglingsmütter meldeten sich. Oma Mewes mußte die Austeilung streng auf Familienmitglieder rationieren.
»Weißt du, Oma, so gesundes Gemüse und so gut eingeweckt, das gibt's heute nämlich nicht mehr.«
Von Tschernobyl sagten sie nichts. Das hätte Oma sowieso nicht mehr begriffen.
So starb Oma Mewes, nachdem sie oft an Opa gedacht hatte: »Einmal werden sie noch kommen und sich alle zehn Finger danach lecken.«

## Die Hölle des Mixed

Alle reden von Steffi Graf. Einige auch noch von Boris Becker. Auf jeden Fall: nur von Einzel-Spielern. Seine eigentliche soziale Bedeutung aber hat der »Volkssport Tennis« ganz woanders. Nämlich im »Mixed«. Für alle Tennis-Ignoranten: Das ist die Doppel-Formation: Dame und Herr gegen Dame und Herr. Tennis-Chauvis (von denen gibt es reichlich) sagen zum Mixed auch: Herren-Einzel mit Damenbehinderung.
Das aufregendste Mixed ist wiederum das Ehepaar-Mixed, welches in seiner gesellschaftlich-wissenschaftlichen Bedeutung noch gar nicht erforscht ist.
Ein Ehepaar als Mixed-Paar — ich sage Ihnen: Abgründe tun sich auf. Da ist Ingmar Bergmans »Szenen einer Ehe« ein Kinderfilm dagegen.

Zum Beispiel: Er schlägt schon den dritten Flugball vorn ins Netz. Dann wechseln beide die Positionen — und während sie aneinander vorbeigehen, sagt sie leise nur zwei Worte: »O Gott!«
Das heißt: »15 Jahre machst du dich so furchtbar wichtig mit deiner Karriere, mit deinem Scheiß-Vorstandsposten, du tyrannisierst Frau und Kinder und denkst Wunder, wer du bist mit deinem dicken Bauch. Eine Flasche bist du und bleibst du! 15:40!«
Dann kommt sie dran. Erster Aufschlag im Netz. Zweiter Aufschlag im Aus. Doppelfehler. Er schimpft nicht. Er macht ihr keinen Vorwurf. Er dreht sich nur um und sagt teuflisch freundlich:
»Versuch's noch mal, Liebling.«
Und sie versteht. Das heißt: »Daß ich die Affäre mit Julie habe, ist doch nur logisch. So lahm, wie du aufschlägst, bist du auch im Bett. Das sieht dir jeder an. Wieso wir überhaupt zwei Kinder haben, begreife ich bis heute nicht!«
Ich wundere mich, daß Psychologen und Eheberater noch nicht darauf gekommen sind, Ehepaare in der Krise ganz einfach Tennis-Mixed spielen zu lassen. Wenn sie drei Mixed-Spiele überstehen, lassen sie sich entweder scheiden, oder die Ehe ist sowieso durch nichts mehr zu erschüttern. Aber das kommt selten vor. Tennis ist eben die vornehme Art, seinen Partner fertigzumachen — mit einem geringschätzigen Lächeln im Vorübergehen.
»0:15«, sagt sie. Und er versteht: »Solche Asse wie der Kerl da gegenüber wirst du niemals schlagen. Weder hier noch — na, du weißt schon.«
Alles ganz leise, vornehm und dezent.

## Der Öfi

Neulich war mal wieder eines dieser beliebten Verwandtschaftstreffen. Silberhochzeit von Tante Leni und Onkel Otto. Hoch die Tassen und Schwarzwälder Kirschtorte! Ich hatte mich bereit erklärt, Tante Lotte vom Altersheim abzuholen und abends wieder zurückzubringen.
Auf der Rückfahrt war Tante Lotte ganz glücklich. Ihre Augen strahlten. Sie hatte sich auf der Feier lange mit Margret und Claus unterhalten. Claus ist ihr Urgroßneffe, Margret seit drei Jahren seine Nummer eins. Was natürlich nicht bedeutet, daß es für die Ewigkeit ist. Und soweit ich Margret kenne: Da lief 'ne ganze Zeit noch irgendwas nebenbei. Gerd aus dem Ski-Urlaub oder so ... Tante Lotte aber erzählte ganz begeistert: »Claus und Margret haben mir sehr gut gefallen. Ach, ist junge Liebe schön! Und so ein anständiges, liebes Mädchen, diese Margret. Nicht so leichtsinnig und verantwortungslos wie die meisten jungen Leute heute. Nein, das Mädchen hat seine Grundsätze, sag ich dir. Sie hat gesagt: Wenn Claus und ich unsere eigene Wohnung haben wollen oder — wer weiß — ein kleines Häuschen — das geht auf keinen Fall, ohne daß geheiratet wird! Und dann brauchen wir auch unbedingt unseren kleinen Öfi! — Ja, so hat sie immer das Kind genannt, das sie haben wollen. Ihren kleinen Öfi. Niedlich, nicht? Ja, die beiden haben Grundsätze: heiraten und einen kleinen Öfi. Das gefällt mir!«
Oh, Gott, hab ich gedacht. Wenn sie bloß nicht darauf kommt zu fragen, was das eigentlich heißt: Öfi. Ich hätte ihr doch unmöglich sagen können, daß der Öfi die öffentlichen Finanzmittel sind, die für junge Paare

bereitgestellt werden — aber nur, wenn sie heiraten. Jungverheirateten-Darlehen und dann fürs erste Kind fünf Punkte, fürs zweite sieben, fürs vierte 14 Punkte, um so die Anwartschaft auf Liegenschaften zu erwerben, bzw. um in den Genuß öffentlicher Baudarlehen mit niedrigen Zinsen zu kommen.
Oh, nein, ich habe es nicht übers Herz gebracht, Tante Lotte ihre Illusionen zu nehmen. Sie muß ja nicht wissen, daß Margret und Claus schon seit zwei Jahren zusammenleben — nur nicht in eigenen Wänden — und immer noch ohne Öfi.

## Der AKAU

Haben Sie schon von AKAU gehört? Dem bösartigen gelben Wesen aus der 23. Galaxis?
Hieronymus hat mir davon erzählt, der Hilfsgärtner. AKAU ist gekommen, damit passiert, was nicht passieren kann. AKAU greift auf unheimliche Weise in den irdischen Ablauf zwischen Ursache und Wirkung ein. Neulich: beim Europapokalspiel. Bayern München gegen FC Porto. Daß Bayern verliert — das *konnte* gar nicht passieren.
Der Präsident von Bayern hatte doch schon seine Siegesrede fertig. Da hat AKAU sich ein Späßchen gemacht, sagt Hieronymus, der Hilfsgärtner. Innerhalb von fünf Minuten: erst das Portugiesentor mit der Hacke, dann das 2:1.
Das konnte doch gar nicht passieren! Da war es schon passiert.
Leider ist AKAU bösartig und grausam, sagt Hierony-

mus, der Hilfsgärtner. Das mit der US-Fregatte »Shark« im Persischen Golf — das konnte auch nicht passieren. Ein Kriegsschiff mit allermodernster Technik — das kann einfach nicht angegriffen werden, ohne daß es den Angriff bemerkt. Das konnte überhaupt

nicht passieren. Es ist passiert. Menschenleben sind AKAU egal. Sagt Hieronymus.
Auch in Gorleben — das muß er gewesen sein! Alle Geologen und Gesteinsexperten haben über Jahre versichert: Der Salzstock ist absolut sicher. Verschiebungen sind völlig unmöglich. Da kann der Atommüll 30 000 Jahre und länger gelagert werden. Da kann nichts passieren. Jetzt ist es passiert. Einsturz bei der Probebohrung. Völlig unmöglich. Aber wahr.
Manchmal macht AKAU sich ein Späßchen, sagt Hieronymus. In München hat er Franz Josef Strauß vor ein paar Tagen das Licht ausgedreht. Die ganze bayerische Regierung saß zehn Minuten im Dunkeln. Dabei konnte das gar nicht passieren. »Daß auch das Notstromaggregat ausfällt, wenn mal der Strom ausfällt, das ist vollkommen unmöglich!« hat der Hausmeister gesagt.
»Was nicht passieren kann, das soll passieren, sagt AKAU«, sagt Hieronymus. »Das Kernkraftwerk in Stade zum Beispiel«, sagt Hieronymus ...
»Jetzt ist es aber genug!« sage ich. »Mit so was spaßt man nicht. Stade ist doch absolut sicher. Da *kann* überhaupt nichts passieren!«
»Nein — absolut nichts«, sagt Hieronymus.

# VI

# AUCH DIE STÄRKSTEN SIND VERWUNDBAR

## Bedrohungsbewußtsein

---

»Warum bist du eigentlich immer so begeistert von unserem Verteidigungsminister?« fragte mich mein Freund Herbert in der S-Bahn.

»Er ist einer der wachsamsten Verteidigungsminister, die es gibt«, antwortete ich. »Wo andere denken, alles ist in Ordnung, da entdeckt er den Feind trotzdem!«

»Sprichst du von der Kießling-Affäre?«

»Nein! Das ist ja schon hundert Jahre her. Ich spreche davon, was er auf der Wehrkundetagung in München gesagt hat. Die sicherheitspolitische Gefahr der kommenden Jahre, hat er gesagt, sei das nachlassende Bedrohungsbewußtsein der westlichen Bevölkerung!«

»Was heißt das?«

»Die Angst vorm Russen, Mann! Daß wir nachts ruhiger schlafen, bloß weil wir denken, der Russe kommt doch nicht.«

»Aber ich denke, der Russe kommt nicht — wegen der Nato. Dann müßte sich der Minister doch freuen, wenn wir uns weniger bedroht fühlen, weil wir so stark beschützt werden?«

»Ja, aber doch nicht so, daß der Russe in aller Ruhe seine gemeinen Tricks anwenden kann.«

»Welche Tricks denn?«
»Zum Beispiel, am Atomteststopp festzuhalten, obwohl die Amerikaner mit den Atomtests weitermachen!«
»Wieso, das ist doch gut, wenn die Russen mit der Rüstung kürzer treten!«
»Du fällst also auch drauf rein! Genau wie die Amerikaner. Die glauben schon, sie könnten es sich leisten, 100 000 Mann aus Europa abzuziehen.«
»Na ja, wenn der Russe wegen seiner eigenen Probleme weniger Geld ausgeben will für die Rüstung . . .«
»Da haben wir es: Auch dein Bedrohungsbewußtsein läßt schon nach. Gerade das ist der Trick, mit dem die Russen uns reinlegen wollen, sagt Wörner. Wenn sie uns weniger bedrohen: Das ist das Bedrohliche! Solange sie uns bedrohen, können wir in aller Ruhe immer weiterrüsten. Läßt die Bedrohung nach, fangen wir am Ende auch an, weniger zu rüsten.«
Herbert sah mich einen Augenblick an. Dann sagte er: »Da braucht sich der Minister keine Sorgen zu machen. Ich brauch ihn bloß im Fernsehen zu sehen. Sofort ist mein Bedrohungsbewußtsein da. Aber voll!«

## Drama mit Koffer

Von Eduard muß ich erzählen. Eduard ist ein Frauentyp. Er hat so etwas Italienisches mit hamburgischem Understatement. Sein Umgang mit Frauen ist einfach souverän.
»Du kannst ein Mädchen noch so gern mögen, ihr könnt miteinander schlafen, soviel ihr wollt«, sagte er

eines Tages fürsorglich zu mir. »Aber paß auf, wenn sie eines Abends mit ihren Koffern vor der Tür steht. Und dich fragt, ob sie erst mal bei dir bleiben könne. Das ist dann der Augenblick: Da mußt du unbedingt hart sein. Du mußt ihr sagen: ›Du, mein Liebling, kannst gern zu mir kommen, aber deine Koffer, die bleiben draußen!‹ Denn du mußt wissen, mein Freund: Eine Frau kann man wieder loswerden. Aber eine Frau, die alle ihre Klamotten schon in deine Kleiderschränke verteilt hat — da ist das dann so gut wie unmöglich!«

Ein toller Typ, dieser Eduard. Aber auch die Stärksten sind verwundbar.

Eines Tages nämlich hat Monika, eine von Eduards Freundinnen, ihrer Freundin Heike von Eduard erzählt — und von seiner konsequenten No-Koffer-Theorie. Und Heike ist sofort darauf angesprungen. Sie war begeistert von Eduards Strategie.

»Genau dasselbe gilt natürlich auch für alleinstehende Mädchen«, rief sie. »Alles kannst du deinem Typ erlauben. Aber paß auf, wenn er mit seinem Koffer vor der Tür steht. Das Prinzip muß ich unbedingt übernehmen.«

Die Situation schrie geradezu danach, daß Eduard und Heike sich einmal kennenlernten. Und tatsächlich, das Schicksal schlug zu. Eines Abends trafen Heike und Eduard bei Monika zusammen!

Heike war sofort begeistert von Eduard, aber er von ihr noch viel mehr! Das war eine Frau! So selbstbewußt, so unabhängig. Die würde nie auf die Idee kommen, gleich zu ihm ziehen zu wollen.

Sie trafen sich wieder. Und es wurde mehr und mehr daraus. Schließlich war Eduard so verliebt, daß er sagte: »Liebling! Heike! Mensch, laß uns doch zusammenziehen — ich zu dir oder du zu mir!«

»Tut mir leid«, sagte Heike, »du kannst gerne zu mir kommen. So über Nacht. Aber deine Koffer läßt du draußen. Weißt du, das liebe ich ja so an dir, daß du in diesem Punkt auch so konsequent bist!«
Eduard leidet. Nachts träumt er jetzt manchmal davon, daß Heike vor der Tür steht, mitsamt ihren Koffern.

## Rollenspiele

»Eberhard, was ist denn passiert? Ihr hattet doch eine Musterehe! Du bist ausgezogen? Hat sie dich etwa betrogen? Oder du sie?«
»Ach, was du dir vorstellst«, sagt Eberhard. Seine Stimme am Telefon klingt eher etwas resigniert. »Im Gegenteil. Alles voller Liebe und Verständnis. Jede Menge Toleranz für den Mitmenschen. Angefangen hat es mit Jutta-Lieses tiefenpsychologischem Kurs. Das ist ihr Hobby geworden. Sie hat sich die Zeitschrift ›Psychologie für jedermann‹ oder so ähnlich abonniert.«
»Ja«, sage ich, »das ist doch nichts Schlimmes.«
»Natürlich nicht. Sondern im Gegenteil: alles aus Liebe und Verständnis, einfach großartig. Aber stell dir vor: Ich komm' nach Hause — wütend. Auf dem Parkplatz hat mir irgend so ein Mistkerl die halbe Tür verschrammt — und ist natürlich verschwunden. ›Eberhard‹, sagt Jutta-Liese, ›jetzt machen wir ein Rollenspiel. Jetzt spielen wir, du hast mit unserem Wagen jemanden angefahren — nämlich mich. Ich bin eine fremde Fahrerin...‹ Und schon geht es los. Rollen-

spiel: Nach fünf Minuten komm' ich mir vor lauter Liebe und Verständnis selber wie der Schuldige vor. Ich bin plötzlich der Übeltäter, der rumstottert und dem es schrecklich leid tut, daß der andere meinetwegen wütend ist. Fehlt nur noch, daß ich mich bedanke für die Schramme.
Oder, paß auf: Mein Chef macht mich morgens zur Schnecke. Ich hätte den Sonderposten niemals kaufen dürfen. Dabei war das seine ausdrückliche Anordnung, ich hatte ihn gewarnt. Da kann man doch wahnsinnig werden. Aber — ich komm' nach Haus und erzähl' es Jutta-Liese. Und was macht die? Rollenspiel. ›Jetzt bist du mal dein Chef — und ich bin du, sein Angestellter.‹ Fünf Minuten später rede ich genauso arrogant und rechthaberisch wie mein Boß. Ich spreche von dem ungeheuren Streß seiner Verantwortung. Erlebe, wie der Ärmste sich auf solche Flaschen wie mich verlassen muß, und entlasse mich selber! Das ist doch nicht normal!«
Ich muß lachen.
»Ja, du kannst lachen. Aber dann stell dir doch mal folgendes vor: Ich sitze zu Hause vorm Fernseher. CDU-Parteitag oder irgend so was. Der Kanzler spricht. ›Ich halt' das nicht mehr aus‹, sag' ich. ›Alles nur warme Luft und blabla, was die uns erzählen . . .!‹ Da sagt Jutta-Liese: ›Jetzt spielen wir mal, du bist der Kanzler, und du sprichst zu mir im Fernsehen!‹ Und ich Idiot fang' doch tatsächlich an, mich wie der Kanzler zu fühlen. Mir wird richtig aufgeblasen im Kopf, und ich mach' so ein Möchtegern-Staatsmanngesicht, ich ringe nach Worten: › . . . die Verantwortung für dieses unser Land, und das sage ich hier in aller Offenheit, meine Damen und Herren . . .‹ Aber da hab' ich es noch rechtzeitig gemerkt. Ich hab' einen furchtbaren Schreck

gekriegt und bin einfach abgehauen. Das war zuviel für mich.
Na, Gott sei Dank, jetzt kann ich wenigstens wieder richtig wütend sein.«

## Verliebte Jungs

Vor ein paar Tagen habe ich den alten Herrn Cornehlsen in seinem Alterswohnheim besucht. Herr Cornehlsen ist ein alter Freund meines längst verstorbenen Vaters. Wir sprechen da so hin und wieder über Gott und die Welt. Herr Cornehlsen ist inzwischen 88 Jahre alt. Als ich ihn diesmal besuchte, saß er mürrisch und in sich gekehrt bei seiner Zeitung. Auf dem Tisch stand eine Flasche Cognac.
Es dauerte etwas, bis er auf den Grund seines Kummers zu sprechen kam. Aber schließlich hielt er es nicht mehr aus: »Ich bin nicht gut genug für sie. Bin ja nur Handwerker gewesen. Ja, ihren Rollstuhl durfte ich reparieren. Hast du mal einen Rollstuhlmotor repariert? Das ist schwierig, sage ich dir. Aber ich habe es ja gern getan. Da war ich natürlich gut angeschrieben bei ihr, habe ihr jeden Morgen die Zeitung bringen dürfen. Wir haben zusammen gefrühstückt. Und jetzt . . .?« Herr Cornehlsen schenkte sich und mir einen Cognac ein. Er wischte sich verlegen die Augen. »Sie sieht mich gar nicht mehr, seit dieser angebliche Musikprofessor hier eingezogen ist. Zuerst habe ich die beiden überrascht, wie sie in seinem Zimmer so eine klassische Musik gehört haben. Er hatte den Arm um sie gelegt. Ganz verzückt hat sie dagesessen. Ich wollte ihr nur sagen: ›Ich

hab' deinen Tauchsieder repariert, Gretel.‹ Aber sie: ›Psst, merkst du nicht, daß du störst!‹ — Das hat weh getan.« Der alte Herr Cornehlsen schenkte sich und mir noch einen ein. »Meine erste Frau habe ich heiraten müssen. Meine zweite hat immer nur gekeift. Meine dritte wollte nur mein Geld. Die Frau meines Lebens habe ich hier im Altersheim getroffen. Eine wunderschöne Frau. Auch wenn sie im Rollstuhl sitzt. Und sie ist erst 81! Ach, Gretel. Warum hast du mich fallenlassen für so einen Hallodri? Ob der überhaupt Klavier spielen kann, braucht er ja nicht zu beweisen! Hat ja die Gicht. Aber dir hat er den Kopf verdreht, Gretel, mit seinen Sonaten und Streichquartetten. Ich bin ja nur Klempner gewesen. Badewannen verlöten ist ja keine Kunst!«
»Ach, Herr Cornehlsen, da kommen Sie schon drüber weg.«
»Fragt sich bloß, wie!« sagte er. »Hier — das habe ich aus dem Kalender ausgeschnitten. Heinrich Heine:

Es ist eine alte Geschichte /
doch bleibt sie immer neu /
und wem sie just passiert /
dem bricht das Herz entzwei.«

## Die Ringdränagengullydeckelfrage

---

Neulich auf dem Jubiläum von Herrn Körner. Die Kollegen saßen wie üblich zusammen und diskutierten über Weltpolitik und Udo Lattek. Nur Eduard saß still daneben.
»Was ist eigentlich los mit dir, Edi?« wollte ich wissen.

»Ich bin seit drei Jahren Bauherr eines Reihenhauses auf einem Liegenschaftsgrundstück. Zusammen mit sieben weiteren Bauherren.«
»Na und?«
»Als der Rohentwurf fertig war, waren eineinhalb Jahre vergangen — mit Diskussion. Dann noch mal ein halbes Jahr, bis der Entwurf geändert war. Wir einigten uns tatsächlich nach zwei Jahren auf Schattenerker und Scheinmansarden. Das lehnte aber die Baubehörde ab. Kein Schnickschnack am Bau. Einheitliches Bild im Siedlungsbau. Also gut: Rohentwurf wieder als Endentwurf einreichen.
Nun mußte aber schließlich geklärt werden: Welche Farbe soll der Klinker haben? Du glaubst es nicht: acht Bauherren, acht verschiedene Klinkermuster. Und keiner geht von seiner Vorstellung runter. Gleichzeitig: die Fensterfrage. Mit oder ohne Sprossen? Echte Sprossen oder aufgeklebte? Das sind Probleme, sag' ich dir — die Steuerreform ist ein Witz dagegen.
Dann stellt plötzlich Alfons Dingl fest: Ich hab' eine Außenwand mehr. Dadurch habe ich acht Zentimeter Zimmertiefe weniger als die anderen. Die Kosten müssen umgelegt werden!«
Aus der Ecke, wo sie Körners Jubiläum feierten, hörte man: »Alle Banken muß man enteignen!« Eduard konnte noch nicht mal lächeln darüber.
»Die Frage der Terrassenbegrenzung! Dagegen ist die Grenzbereinigung zwischen DDR und BRD eine Angelegenheit für die Frühstückspause. Schönhuber will nur einen Maschendrahtzaun. Aber Winter, sein Nachbar, ist entsetzt! Mindestens eine Pergola. Möglichst eine Mauer. Gut, sagt Schönhuber, aber dann tragen Sie die Kosten! — Wie komm' ich denn dazu?! . . .«

»Na gut«, sage ich zu Eduard. »Aber irgendwann sind doch alle diese Probleme gelöst, und dann ...«
»Gelöst? Irgendwann?« Eduard kriegt was Irres im Blick. »Die Ringdränagengullydeckelfrage! Wir brauchen nur einen Gullydeckel für alle acht. Aber in wessen Vorgarten soll er eingebaut werden? Die Abrüstungsverhandlungen in Genf sind gar nichts dagegen! — Und wenn dann alles steht, Finanzierung, Bürgschaften — ruft mich nachts um 0.30 Uhr Frau Hannelore Winter an: ›Wir hätten doch auf gelben Klinker bestehen müssen. Es ist doch fürs Leben!‹« Eduard nimmt einen Schluck Wein.
»Die wahre Weltgefahr sind die Chinesen«, ruft gerade Kollege Wacker von hinten.
Eduard lächelt still vor sich hin. »Die Chinesen ... SDI ... Was hat das schon zu bedeuten? Aber die Regenrinneneinfassung, die gemeinsamen Hausnummern, die Gemeinschaftsantenne ...!«

## Die Engelmacherin

Hochverehrter, gnädiger Herr Minister Stoiber!
Wollen 'S bitt schön meine zittrige Handschrift verzeihn. Bin halt schon ein sehr altes Weiberl. Aber danke sagen muß ich Ihnen von ganzem Herzen, Herr Minister, für was Sie und Ihre Freunderl von der CSU für mich tun wollen.
Mein Geschäft, Herr Minister, war aus und erledigt — seit's die jungen Dirndl so leicht gehabt haben — und sind einfach hin zu ihre Frauenärzt, das Baby wegmachen lassen — als wär's ein Furunkel oder Polypen

in der Nasen. Seit der Zeit ging's immer schlechter für unsereins als Engelmacherin — und wie damals der Qualtinger ganz richtig gesungen hat über mich:

»Es gibt im Leben immer wieder Neider —
die Ärzte haben ihr's Handwerk abgestellt.
Die machen heut genau dasselbe, aber leider
verlangen sie dafür zehnmal soviel Geld« —

da war's aus mit unserm guten alten Handwerk, und wir haben gedacht, es wird nie mehr werden.
Aber nun, allergütigster Herr Minister, wollen Sie die dreimal verwünschten Ärzte verdonnern, daß sie einen Kurs machen müssen und eine Gehirnwäsche kriegen, daß die jungen Frauen das Kind gefälligst behalten — und zu den Beratungsstellen gehen, wo's auch nur gesagt kriegen, daß es wieder eine Sünd' ist und große Schand', das Kind wegmachen — auch wenn's vielleicht ein Sozialfall sind, wie das man heute sagt.
Dank schön, Herr Minister, dank schön. So werden's doch noch wieder zu mir kommen, der alten Engelmacherin Luise G., daß unser altes, schönes Handwerk wieder zu Ehr kommt.
Ich hab die alten Scheren, Zangen, die Drahtschlingen und den Wasserkessel schon wieder hervorgeholt. Sind halt ein bisserl rostig — aber das krieg ich schon. Muß doch gerüstet sein für die armen Madeln, wenn sie kommen: »Die Ärzte schicken mich weg, die Behörde schickt mich weg — hilf mir, gute Frau!«
Da werd ich mich ans Werk machen — und die Platte auflegen vom Qualtinger:

»So manchem Mädel, das in Not war
und vor Angst und Scham halb tot war,

hat gerettet sie die Ehr.
Ihre Kundinnen, die waren niemals skeptisch,
sie blieben ihr ein ganzes Leben treu.
Und war ihr Werkzeug einmal nicht ganz antiseptisch —
na, da machte sie statt einem Engel zwei!«

Nochmals Dank, Herr Minister Stoiber. Wir verstehen uns, gell? Sind halt beide aus der guten alten Zeit!
Behüt Euch Gott. Eure Luise G.

## Verkehrs-Odyssee

Diese deprimierende Geschichte hat sich in Hamburg ereignet. Sie könnte sich auch woanders ereignet haben, überall dort, wo es sogenannte Stoßzeiten gibt, Rush-hours — verschärft durch Baustellen-Metastasen.
»Wolfgang, wo kommst du jetzt her? Es ist neun Uhr abends!«
Wolfgang stand vor seiner Wohnungstür in Hamburg-Niendorf. Er hatte einen Luftballon in der Hand und ein Kuchenherz um den Hals. Seine Augen hatten so einen milden Ausdruck von Wahnsinn. Seine Frau zog ihn in die Wohnung.
»Woher hast du das Herz? Und den Luftballon?«
»Im Gedränge. Irgendwie. Ich weiß nicht.«
»Und wieso gehst du auf den Jahrmarkt? Ohne mich?«
»Ich mußte doch parken. Weil die linke Spur schon vier Stunden blockiert war. Und das Auto, das rechts stand, plötzlich aus dem Stau ausbrach und die Treppe zur U-Bahn runterfuhr. Da haben mich die anderen von hinten in die Lücke geschoben.«

»Ich will wissen, wieso du ohne mich auf dem Jahrmarkt warst!«
»Weiß nicht. Ich hatte die Handbremse los und Leerlauf eingestellt. Ab Grindel hab ich geschlafen. Als ich aufwachte, war ich Feldstraße beim Jahrmarkt.«
»Wolfgang! Ich begreife dich nicht!«

»Zuerst hab ich noch versucht zurückzufahren, unterm Flugplatz durch. Bin einfach Kollaustraße ausgebrochen und umgedreht. Aber ab Krohnstieg war nichts zu machen, wegen Langenhorner Chaussee. Baustelle. Unfall. Da bin ich mittags ausgestiegen, hab 'ne Wurst gegessen. Das Auto fuhr inzwischen fünf Meter weiter. ›Pop und Rock‹ auf NDR2 hab ich Fuhlsbüttler Straße gehört. Dann hab ich noch versucht, über City Nord zu traversieren. Aber plötzlich stand ich zweieinhalb Stunden in der Hoheluftchaussee, und Hoheluftbrücke bin ich ohnmächtig geworden.«

»Wolfgang, was heißt denn das? Warum bist du ohne mich auf den Jahrmarkt...?«

»Aber Liebling. Ich wollte doch gar nicht. Um 7 Uhr bin ich hier losgefahren. Um 19 Uhr war ich auf dem Jahrmarkt. Und dabei wollte ich ins Büro.«

»Mein armer Wolfgang. Aber wo willst du denn nun wieder hin?«

»Ins Büro, Liebling. Vielleicht schaff ich es in der Nacht. Wenn bloß nicht alle anderen dieselbe Idee haben!«

## Dankschreiben-Vfg.

Peter ist bei der Post. Aber nach Feierabend kann man sich ganz normal mit ihm unterhalten.

»Alles schreit jetzt: Die Post muß privatisiert werden«, sagte ich.

»Das würde der Willkür im Postwesen Tür und Tor öffnen«, antwortete Peter. »Ein Beispiel: Was geschieht, wenn ein Arbeitnehmer in der freien Wirtschaft in Rente geht?«

»Da gibt's 'ne kleine Feier. 'ne Rede vom Chef. Blumen, Sekt!«
»Und nach welcher Verfügung ist das geregelt?«
»Verfügung? Was ist 'n das?«
»Siehst du! So etwas muß doch geregelt sein. Bei uns gibt es da dieses Amtsblatt.«
Er zeigte mir seine Verfügung:

**Vfg 80/1987**

**Dankschreiben an Angestellte und Arbeiter bei Beendigung ihres Arbeitsverhältnisses zur DBP**

Zur AmtsblVfg 670/1973, S. 1410

**1.1 Grundsatz**

Den Arbeitnehmern der DBP, deren Arbeitsverhältnis

endet, und die bis dahin mindestens 10 Jahre bei der DBP beschäftigt sind, ist bei Beendigung ihres Arbeitsverhältnisses ein Dankschreiben auszuhändigen. Bei Beendigung des Arbeitsverhältnisses wegen Rentengewährung als Folge eines bei der DBP erlittenen Arbeitsunfalls ist ein Dankschreiben auch bei einer geringeren Zeit der Beschäftigung auszuhändigen.

»Wer sich allerdings nicht anständig beträgt«:

**1.2 Einschränkung**

Bei dem Personenkreis im Sinne des Abschn. 1.1 ist von der Aushändigung eines Dankschreibens abzusehen, wenn das Gesamtverhalten des betreffenden Arbeitnehmers ein solches Dankschreiben nicht rechtfertigt.

»Nun kommt noch die ungeheuer wichtige Frage: Wie soll so ein Dankschreiben geschrieben werden? Alles geregelt«:

**2.2 Ausfertigung und Aushändigung des Dankschreibens**

Dankschreiben sind vom Amt mit elektronisch betriebener Schreibmaschine (ESM) auszufüllen.

»Und wenn keine ESM da ist — ja, dann«:

Ausnahme (auslaufend):

Soweit und solange eine ESM beim Amt nicht vorhanden ist, sind die Dankschreiben ausnahmsweise noch in sinngemäßer Anwendung der AmtsblVfg 670/1973, Abschnitt II wie seither von der OPD bedrucken zu lassen.

»Um Gottes willen! Entscheidet ihr Beamten auch was alleine?« fragte ich.
»Ja! Unter 2.2 heißt es noch«:

Der Name des betreffenden Arbeitnehmers ist einzumitten und in Fettschrift einzusetzen; dem Namen ist anstelle der Dienstbezeichnung das Wort „Herr" oder „Frau" voranzusetzen;

»Und siehst du — ob der Kollege ein Mann oder eine Frau ist, das muß der Beamte ganz allein entscheiden.«

## Vorschlag für JP II

Grundsätzlich finde ich es ja durchaus logisch, daß Gottes Stellvertreter auf Erden in kirchlichen Fragen unfehlbar ist. Er weiß alles und irrt sich nie. Klarer Fall. Warum ist einer sonst Gott oder sein Stellvertreter?
Im Zusammenhang mit der Seligsprechung aber, die der Papst im April '87 in der Bundesrepublik vornahm, konnte man erfahren: Der Papst und die hohen Kirchenmänner prüfen in langwierigen, oft jahrzehntelangen Untersuchungen, ob so ein Mensch auch wirklich würdig ist, seliggesprochen zu werden oder nicht. Und

erst, wenn alles hundertprozentig ist, kann die Seligsprechung erfolgen.
Ist das nicht merkwürdig? Ich meine: Einerseits ist der Papst unfehlbar — und andererseits langwierige Untersuchungen, um sich bloß nicht zu irren. Geht irgendwie nicht rein in meinen kleinen Verstand.
Aber sei's drum. Ich will da gar nicht lange nörgeln, sondern das Positive sehen: Langwierige Untersuchungen, um die Wahrheit herauszubringen, sind ja was Gutes. Und wenn sich diese Praxis mit der Unfehlbarkeit vereinen läßt, desto besser.
Dann hätte ich nämlich einen Vorschlag:
Vielleicht könnten Sie, Heiliger Vater, auch mal ein paar andere Sachen langwierig und gründlich untersuchen. Nur ein Beispiel für viele: Wie wär's, wenn Sie sich einmal all jener armen Frauen erinnern würden, die von Ihrer Kirche sinnlos hingemordet wurden, weil sie der Hexerei beschuldigt waren? All jene, die durch Denunziation angeklagt waren, mit der Folter zum Geständnis gezwungen und dann auf bestialische Weise für den Großen Gott hingeschlachtet worden sind! Alle diese »Hexen«, meine ich, hätten auch einmal eine »langwierige Überprüfung« verdient. Vielleicht kämen Sie dann zu dem Ergebnis, Heiliger Vater, sich bei diesen so Gemordeten zu entschuldigen und sie vielleicht auch seligzusprechen. Damit sie wenigstens im Himmel nicht mehr von ihren Peinigern (die ja als Kirchenmänner auch alle in den Himmel gekommen sind) verfolgt werden können.

## Lieber ein Mädchen

**Hermine:** Hermann?
**Hermann:** Hermine?
**Hermine:** Stummelchen muß jetzt bald soweit sein.
**Hermann:** Hä?
**Hermine:** Margret ihre Monika. Nun wird sie schon Mutter.
**Hermann:** Hm.
**Hermine:** Sie wünscht sich ein Mädchen. Bloß keinen Jungen. Unbedingt ein Mädchen.
**Hermann:** So, so.
**Hermine:** Wie sich das alles geändert hat. Wenn ich noch denk, wie böse du warst, als unsere Elisabeth kam. Hab mich richtig schuldig gefühlt damals.
**Hermann:** Na, na — nun übertreib mal nicht.
**Hermine:** *Nur* ein Mädchen. Und dann das zweite auch noch. Hast du vergessen, daß du drei Tage weggelaufen bist, als Margret kam? So böse warst du.
**Hermann:** Na ja — als Vater will man einen Sohn. Ist doch überall so.
**Hermine:** Ja, früher. Früher mußte die Frau so lange Kinder kriegen, bis endlich ein Junge kam. Aber heute: Bloß kein Junge! hat Monika gesagt. Die können ja nur noch neurotisch werden! Die Zukunft gehört den Frauen. Männer sind nicht mehr in, wie das jetzt heißt.
**Hermann:** Ja, weil Monika zu diesen Emanzen gehört. Deswegen hat sie auch keinen Ehemann zu dem Kind. Furchtbar.
**Hermine:** Sie könnt ja heiraten, wenn sie wollte. Der Versicherungskaufmann will sie ja heiraten. Aber

sie ist es ja, die nicht will. Will ihren eigenen Weg gehn, sagt sie.

**Hermann:** Mit einem unehelichen Kind!

**Hermine:** Ach, das ist gar nichts Besonderes mehr, Hermann. Der Vater kann froh sein, wenn er das Kind noch mal angucken darf! Sie will Fotografin werden und sich selbständig machen. Nicht abhängig sein von einem Mann. Und zum Heiraten liebt sie ihn nicht genug, sagt sie. Tss. Tss. Das hätte unsereiner sich mal wagen sollen.

**Hermann:** Was heißt das?

**Hermine:** Wie? Ach nichts.

**Hermann:** Ach so. Ist das vielleicht nix mehr wert, daß ich damals als anständiger Mann gesagt hab: Wir heiraten, bevor es jemand merkt??

**Hermine:** Ja, damals war ich natürlich froh. Aber stell dir vor, ich hätt gesagt: Ich schaff das schon allein. Du brauchst nur zu bezahlen.

**Hermann:** Ach nee. Und dann?

**Hermine:** Hätt ich vielleicht das Lyzeum besucht. Hätt vielleicht einen gebildeten Studenten kennengelernt, einen Doktor oder so, und ... He, bleib doch hier, Hermann. Ich sag doch nur, die Frauen setzen sich überall durch heute, und die Männer ...

**Hermann:** Daß dir ein Klempner nicht gut genug ist, hab ich schon immer gewußt! (Knallt die Tür zu)

**Hermine:** ... und die Männer — die Männer können einem fast schon wieder leid tun.

# Die Erholung

RATTATTATTATTATATATTATTAAAAAT! RATTATTATTATTATAT — RAATATTAATT! RATTATTATTATTATTATTATAAAAAT! RATTATA-TAATATTATTATTATT!

»Mensch, Heinze, wie geht's dir?!!!« RATTATTATTAT-TATTAATAAAAATT: Freitag nachmittag hab ich meinen früheren Kollegen Heinze besucht. In seinem Schrebergarten. RATTATTATTATTATTATTATTATTAT-TAAAAAAATT.

Heinze freute sich und rief: »Helga und ich, wir brauchen den Garten als ...« RATTATTATTATTATTATTAT-TAAAAAT »... als Ausgleich, verstehst du? Wenn man in der Stadt wohnt« — RATTATTATTATTATTAT-TATTATTATTWRUMMMMMM, WRUMMMM, WRUMMMMM, WRUMMMMMRATTATTATTAT-TATTATT ...

»Wie bitte?« brüllte ich. »Ich kann dich so schlecht verstehen. Dieser Krach!«

»Das ist Herrn Gonschoreks Rasenmäher. Bißchen laut, aber technisch fabelhaft. Will ich mir ...« RAT-TATTATTATTATATTATTATTTAWRUMMMMMMMM WRUMM WRUMM WRUMM WRUMM WRUMM WRUMMMMMMMWRUUUUUMMMMM »... mir auch kaufen. 2,1 Kilowatt, 1,03 Liter pro Stunde. Laut Werk nur 67 ...« RATTATTATTATTWRUMM-WRUMM »... nur 67 dB!!« RATTATTATTATTATTA WRUUUUMMMMM!

Wir saßen uns eine halbe Stunde gegenüber und konnten uns mal so richtig in die Augen blicken. Der Rasenmäher des Herrn Gonschorek übertönte alles. Die Tulpen zitterten. Die Vöglein bewegten laut-

los den Schnabel. Die Rosen hielten sich die Ohren zu. Irgendwann mußte Gonschorek wohl mal nachtanken. Eine plötzliche Stille.
»Wir brauchen den Garten!« schrie Heinze aus Gewohnheit. »Seit wir den Garten haben — diese Erholung, sag ich dir. Für die Nerven...« UUUIIIIIIII, UUUUUUUUUUUIIIIIIII, TACKTACKTACKTACK...
»Um Gottes willen!« brüllte ich Heinze ins Ohr. »Was ist das jetzt schon wieder?«
»Das ist Bährwalds Vertikulierer. Muß ja sein. Aber seit wir hier draußen sind...« BRRRRMMMMMMM... BRRRRRR RRRM MMM MMM... BR RRR RRR RRRMMMMM...!!!
»Jetzt kommt noch Frau Wolf mit ihrem...« GÄGÄ GÄGÄGÄGÄGÄGÄGÄGÄGÄGÄGÄGÄGÄGÄ ÄÄÄÄÄKRRRRRR! GÄGÄGÄGÄGÄGÄGÄGÄ-GÄGÄGÄKRRRRRRR!!
»... Frau Wolf mit ihrem Häcksler!«
Heinze preßte seine Lippen fest auf mein Ohr. Ich hielt mir ein Kissen gegen das andere Ohr.
»Der Mensch braucht einfach einen Ausgleich!!« brüllte Heinze. »In der Stadt hätten wir es nicht mehr ausgehalten. Dieser Autolärm, die U-Bahn, die bei uns vorbeifährt...!«
Ich nahm für Sekunden das Kissen vom Ohr. RATTATTATTATTATTATT AAGÄGÄGÄGÄGÄGÄGÄGÄ-BRMMMMMMMBRMMMMMRATTATTATTATTA TAAT TA AAT PÄNGPÄNGWRUMMMMMM!! »Aber seit wir den Garten haben...«, brüllte Heinze wieder in mein Ohr. »Wenn wir nach Hause kommen, stört uns überhaupt nichts mehr. Kein Autoverkehr und keine U-Bahn. Das ist jedesmal eine solche Erholung, sag ich dir!«
RAT TATTAT TATTA WRUMMMMMMMMMMM WRUMMMMMMM WRUMMMMMMMM!!

# Biologischer Kreislauf

Braun und Möllsieper sprechen nicht mehr miteinander. Wegen der Frösche.
Also, Herr Braun wollte in seinem Garten hinterm Haus einen Teich anlegen. Mit Herrn Möllsieper hat er das Vorhaben am Gartenzaun besprochen. Möllsieper wußte wertvollen, fachlichen Rat: »Heute legt man Gartenteiche ökologisch an, hab' ich gelesen. Der biologische Kreislauf, verstehen Sie. Die Natur muß sich von selbst erhalten. Mit Algen und Wasserflöhen und die Pflanzen — alles wie in der Natur.«
»Gute Idee«, hat Braun gesagt.
»Da brauchen Sie nur ein paar Fische reinzusetzen und Pflanzen, alles andere kommt von selbst.«
Drei Wochen hat Braun an dem Teich gearbeitet. Zur Einweihung hat Möllsieper noch einen fetten Goldfisch im Glas rübergebracht.
»Schöner, großer Teich. Wie in der Natur.«
Aber in diesem Frühjahr war Möllsieper erst tagelang maulig und hat nicht mal mehr guten Morgen gesagt. Und schließlich konnte er sich nicht mehr beherrschen. Abends am Zaun sagte er böse zu Herrn Braun:
»Das haben Sie damals aber nicht gesagt, Herr Braun, daß Sie sich Ochsenfrösche halten wollen.«
»Was für Frösche? Das wollte ich doch auch gar nicht.«
»Sie haben immer nur von Fischen gesprochen. Und jetzt? Das Gequake die ganze Nacht ist ja nicht auszuhalten. Meine Frau kriegt keine Auge mehr zu!«
»Glauben Sie mir, Herr Möllsieper, die sind von alleine gekommen. Das ist der biologische Kreislauf. Was soll ich da machen?«

»Ach was, biologischer Kreislauf? Sie sind für das Gequake verantwortlich. Das sind ja Ihre Frösche!«
»Aber nein, ich hab' sie doch gar nicht gekauft!«
»Jedenfalls, wenn das Gequake nicht aufhört ...!«
Da hat Braun sich in Gegenwart seines Nachbarn vor den Teich gestellt und hat gerufen:
»Frösche, ich befehle euch, mit dem Gequake aufzuhören. Biologischer Kreislauf, gut und schön — aber Herr Möllsieper kann nicht schlafen!«
»Ihre Ironie können Sie sich sparen!« hat Möllsieper da wütend gerufen und ist abgerauscht. Und Braun hat ihm noch hinterhergerufen: »Bauen Sie sich doch ein Storchennest. Dann ist der biologische Kreislauf komplett!«

## Schlaues Kerlchen

Sechs Jahre ist der Junge erst alt. Und erfindet schon eigene kleine Programme für seinen Heimcomputer. Neulich hat er »Störfall im Kernkraftwerk« gespielt.

**Sohn:** Papa, was ist ein GAU?

**Vater:** Der Größte Anzunehmende Unfall bei der Kernspaltung.

**Sohn:** So was, was in Hiroschima passiert ist?

**Vater:** Nein, wie in Tschernobyl. In Tschernobyl — das war ein Kernkraftwerk. Hiroschima, das war eine Atombombe. Eine Atombombenexplosion ist noch 100 000mal schlimmer als ein GAU!

**Sohn:** Ach so, ist das der Super-GAU?

**Vater:** Nein. Du mußt auseinanderhalten: Ein GAU passiert unabsichtlich. Das andere passiert mit voller Absicht. Das ist der Atomkrieg.

**Sohn:** Und wann passiert ein GAU, Papa?

**Vater:** Eigentlich nie. Die Kernkraftwerke sind so gebaut, daß sie nicht explodieren können. Ein GAU kann höchstens einmal in 50 Millionen Jahren passieren. Es sei denn, es kommt ein Atomkrieg. Weil dann auch die Kernkraftwerke kaputtgehen und ganz viele GAUs passieren.

**Sohn:** Und wie oft passiert ein Atomkrieg?

**Vater:** Weiß ich nicht.

**Sohn:** Sind Atombomben auch so gebaut, daß sie nicht explodieren können?

**Vater:** Natürlich nicht. Die müssen doch explodieren können. Damit kein Atomkrieg passiert.

**Sohn:** Das verstehe ich nicht, Papa.

**Vater:** Also — ob ein Atomkrieg passiert oder nicht, das hängt davon ab, ob die Menschen vernünftig bleiben.

**Sohn:** Also kann ein GAU doch eher passieren als alle 50 Millionen Jahre?

**Vater:** Wieso?

**Sohn:** Ja, wenn sie nicht so lange vernünftig bleiben.

**Vater:** Na ja — die Menschen müssen eben immer vernünftig bleiben. Meinetwegen auch 50 Millionen Jahre.

**Sohn:** Warum schaffen die Menschen die Atomkraftwerke nicht ab, wenn sie so gefährlich sind?

**Vater:** Du hörst doch, sie gehen davon aus, daß ein GAU nicht passieren kann.

**Sohn:** Außer, wenn ein Atomkrieg passiert.

**Vater:** Ja, ja — das hatten wir ja schon.

**Sohn:** Und warum schaffen die Menschen nicht die Atomwaffen ab, damit kein Atomkrieg passieren kann, damit kein GAU passieren kann?

**Vater:** Warum? Warum? Weil diese Welt ein Irrenhaus ist.

**Sohn:** O weh, Papa — kann man denn da so lange vernünftig bleiben?

## Klopfzeichen aus der Anstalt

Hallo, Sie da! Können Sie mich hören?
Ich bin nicht verrückt. Das kann ich schwören.
Daß ich hier bin, ist nur ein Versehen.
Doch die Ärzte lassen mich nicht gehen.
Und sie lachen über meine Klagen.
Nicht verrückt? Das würde jeder sagen.
Hilfe! Ich gehör nicht in dies Haus!
    Ich will hier raus! (aus der Anstalt)

Sehn Sie den da? Hält sich für'n Minister.
Zuständig für Umwelt, sagt er, ist er.
Doch dann hält er hier vor allen Blöden
für mehr Kernkraftwerke starke Reden.
Als der Umwelt engagierter Hüter
fordert er: Her mit dem Schnellen Brüter!
Und nicht einer lacht ihn dafür aus:
    Ich will hier raus! (aus der Anstalt)

Sehn Sie diesen schwerbepackten Bengel?
Sagt von sich: Er sei der Friedensengel.
Trägt bei sich zwei scharfe Handgranaten,
nennt sie beide »seine Friedenstaten«.
»Laßt uns«, ruft er, »für den Frieden beten.
Dazu braucht man Bomben und Raketen!«
Und erhält ringsum auch noch Applaus.
    Ich will hier raus! (aus der Anstalt)

Der da, der so aussieht wie ein Bauer
hat ein ganz besonderes Auer-Auer!
»Hilfe!« schreit er, »hab zuviel Getreide.
Sieht denn keiner, wie ich Hunger leide?

Weiß nicht mehr, wohin mit all die Rinder.
Hilfe, es verhungern meine Kinder!«
Jeder spricht ihm sein Verständnis aus.
    Ich will hier raus! (aus der Anstalt)

Einer hat die ekelhafte Macke:
Wirft auf andere Irre hier mit — Kacke,
um dann aufgeregt herumzuhinken
und zu schrein: der andre täte stinken!
Und behauptet frech und unsympathisch,
so zu handeln, das sei demokratisch.
Den Gestank, den halt ich nicht mehr aus.
    Ich will hier raus! (aus der Anstalt)

Doch die Wärter lächeln hier und sagen:
Ja. Sie dürfen sich hier gern beklagen.
Daß wir Ihnen in die Schnauze schlagen
oder, wenn Sie wolln, auch in den Magen,
tun wir nur, damit Sie uns nicht sagen,
hier bei uns kann man sich nicht beklagen.
Fühln Sie sich hier etwa nicht zu Haus?
    Ich will hier . . .
    Doch, doch, ja, ja — ich bin ja schon still.

# DOKUMENTATION

# WARUM SOLDATEN MÖRDER SIND
# ODER:
# BITTE ZURÜCK ZUR REAL-SATIRE

## Frage an den Soldaten

Soldat, für wen willst du diesmal sterben?
Fürs Vaterland? Es wird untergehn.
Soldat, für wen willst du diesmal sterben?
Soldat, das wird ein Problem.

Soldat, wen willst du diesmal beschützen?
Dein Weib? Dein Kind? Sie verbrennen ja.
Soldat, wen willst du diesmal beschützen?
Soldat, was machen wir da?

Soldat, für welche Idee willst du Held sein?
Fürs Arbeiterreich? Für Demokratie?
Soldat, es wird keine Idee auf der Welt sein.
Soldat, es verbrennen auch sie.

Soldat, für wen willst du diesmal siegen?
Für die Menschheit? Sie wird nicht mehr sein.
Soldat, für wen willst du diesmal siegen?
Soldat, entscheide allein.

**TV-Jubelfeier zum dreißigjährigen Bestehen der Bundeswehr**

---

Auszüge aus dem Sendeprotokoll der NDR-III-Talkshow vom 1. November 1985

**Gäste:** Manfred Wörner, Peter Glotz, Johannes Steinhoff, Dieter Wellershoff, Wolfgang Altenburg, Hans Scheibner, Prof. Marianne Schuller, Dr. Helga Krüger
**Moderatoren:** Alida Gundlach, Wolf Schneider, Peter Staisch
**Redaktion:** Horst-Wolfgang Bremke, Clemens Teichmann

Einleitung der Sendung durch Hans Scheibner mit dem Lied »Lysistrata« mit dem Vers:

»Aber ach, es ist ja nicht möglich heut,
die Frauen sind ja selbst nicht zu retten.
Ihre Söhne schicken sie noch immer in den Krieg.
Und mit Mördern teilen sie die Betten.«

Großer Applaus

**Schneider:** Eine Frage an Sie, Herr Scheibner: Würden Sie die Bundeswehr abschaffen, wenn es in Ihrer Macht stünde?

**Scheibner:** Ja, zumindest in der jetzigen Einstellung und Form. Ich glaube, es geht eigentlich gar nicht so sehr um die Bundeswehr, sondern um die ganze Si-

tuation, in der wir sind. Sie stellen heute abend an mich gleich die erste schwere Frage. So einfach ...

**Schneider:** Sie haben ja schwere Antworten gegeben.

**Scheibner:** Das ist ein Verweigerungslied. Die Idee von Aristophanes ist eine Komödienidee, aber sie gefällt mir deswegen, weil sie die ganze Sache von dem einzig menschlichen Standpunkt aufgreift, den ich noch sehe. Ich bin kein radikaler Pazifist. Eigentlich nicht. Aber ich meine, in der Situation, in der die Menschheit sich heute befindet, kann man gar nichts anderes mehr sein. Und deswegen möchte ich, wenn mir die Gelegenheit jetzt gegeben ist, gleich am Anfang daran erinnern, daß der Deutsche Schriftstellerverband, Dieter Lattmann und Günter Grass, nach der Stationierung der Pershings aufgerufen hat, daß alle anständigen jungen Männer den Kriegsdienst verweigern.

**Gundlach:** Aber Herr Scheibner, was mir aufgefallen ist, Sie haben in dem Lied gesungen: Ihr schlaft alle mit Mördern. Das finde ich ein bißchen hart. Muß ich Ihnen sagen.

**Scheibner:** Ja, gegen die Mörder. Man mag vielleicht manchem Mörder damit Unrecht tun. Denn es gibt Mörder, die aus einer psychisch schweren Situation heraus gemordet haben. Aber was hier geschieht, daß man den Tod von Millionen unschuldiger Menschen einplant! Das ist nicht nur unmenschlich, das ist nicht nur mörderisch, das ist meiner Meinung nach eine Perversion, an die die ganze Menschheit geraten ist.

**Gundlach** (will das Thema abbrechen und wendet sich an Frau Schuller)

**Scheibner:** Darf ich dann bitte zu Ende reden. Diese Frage ist mir vorhin schon bei der Probe von irgend je-

mand gestellt worden. Ob das Mörder sind. Ich finde, Mörder im landläufigen Sinne, wie sie jeden Tag in der Bild-Zeitung stehen, sind im Verhältnis zu den Massenmördern, die unsere Geschicke leiten oder sich anmaßen, sie zu leiten, geradezu harmlose Menschen.

(Große Unruhe und Empörung)

**Glotz:** Wen meinen Sie denn damit, Herr Scheibner?
**Scheibner:** Ich meine alle, die nicht erkennen, daß die ganze Menschheit sich durch diese Wahnsinnsaufrüstung, den 16fachen Overkill umbringt! Wir stehen also da, daß beide Seiten der Welt sich gegenseitig 16mal auslöschen können. Da muß ich doch denken, ich habe es mit Geisteskranken zu tun!

(Protestrufe, große Unruhe)

**Scheibner:** So ist es doch. Dahin sind wir gekommen, dahin ist die Menschheit mit ihren humanen Ideen, mit ihren Träumen von Frieden, von Liebe und Nächstenliebe gekommen: daß wir hier heute abend in einer Talkshow sitzen und uns ganz gemütlich darüber unterhalten ... Ich glaube, die Welt wird auch untergehen, während eine Talkshow läuft.

**Gundlach:** Das ist doch wunderbar, daß wir das können.

**Altenburg:** Unsere Frauen verweigern sich nicht. Und wir haben seit 40 Jahren Frieden, und wir werden ihn auch weiter haben.

(Großer Beifall)

**Wörner** (unterbrechend): Herr Scheibner, ich bewundere, wie Sie mit Klischees hantieren ...

Sie könnten in dieser Talkshow doch gar nicht auftreten, wenn es nicht die Soldaten der Bundeswehr gäbe, die Ihre freiheitliche ...

**Scheibner:** Auf diesen Punkt möchte ich sofort antworten dürfen.

**Wörner:** Jetzt frage ich Sie doch eines: Wenn Sie sich die Situation seit dem 2. Weltkrieg vor Augen führen, warum, Herr Scheibner, hat es überall auf der Welt über 150 Kriege seitdem gegeben, nicht aber hier in der Bundesrepublik, nicht in Europa. Noch eine Frage, Herr Scheibner, ich nehme an, daß Sie unser Grundgesetz gelesen haben, die Bundeswehr ist auf den Frieden und auf die Verteidigung verpflichtet. Diese Soldaten, die hier sitzen, meinen Sie vielleicht, die wollen einen Krieg? Die wollen ihn sowenig wie Sie. Und eines muß ich allerdings zugunsten der Soldaten mit aller Schärfe zurückweisen: Der Vergleich zwischen einem Soldaten und einem Mörder ist nicht nur unpassend, sondern Verleumdung im höchsten Grade.

**Scheibner:** Diesen Vergleich habe ich nicht gezogen. Das beherrschen Sie natürlich, sofort jemandem das Wort umzudrehen. Aber so ist das nicht, Herr Wörner! Den einzelnen Soldaten ... guck mal, die klatschen mich jetzt sogar unter, das find ich ja toll ... Herr Wörner ... Laß sie mal ruhig klatschen ... Ein Wort sage ich jetzt noch, dann bin ich ruhig. Die Geschichte: Ich darf hier sitzen, weil die Bundeswehr hier ist. Herr Wörner, vor 30 Jahren ...

**Wörner** (unterbricht): Glauben Sie, Sie könnten das da drüben machen?

**Scheibner:** Nein, natürlich nicht. Das sind doch wieder Ihre Klischees. Sie reden von Klischees, und dabei brauchen Sie selber nur Klischees. Vor 30 Jahren ist die Entscheidung gefallen, ob die Bundeswehr in die Nato eintreten darf oder nicht.

**Gundlach:** Anderes Thema bitte!

**Scheibner:** Ich sage noch einen Satz, und der Satz ist der: daß Herr Wörner sagt, ich sitze hier, weil wir die Bundeswehr haben. Ich sage: Vor 30 Jahren hat Konrad Adenauer die Entscheidung getroffen: Der Preis der Bundeswehr ist jetzt die Teilung dieses Landes. Vor 30 Jahren haben wir uns entschieden, in die Nato einzutreten, anstatt Verhandlungen wenigstens zu riskieren. Ob sie zu einem richtigen Ergebnis geführt hätten, weiß ich nicht. Aber mir leuchtet es immer noch nicht ein, weil ich mir denke, die Lage der Bundesrepublik, wie sie da ist — ich bin sofort fertig —, für die wäre es das beste gewesen, neutral zu sein. Jetzt bin ich fertig.

(Es folgen Dialoge, die mit diesem Thema nichts zu tun haben. H. Scheibner meldet sich erst bei dem Gespräch zwischen W. Schneider und J. Steinhoff wieder zu Wort.)

**Steinhoff:** Der Landser wurde zum alsbaldigen Verbrauch an die Front geschickt . . .

**Scheibner:** Herr Steinhoff, meinen Sie nicht, daß, ganz gleich, welche persönliche Schuld oder Nichtschuld jemand hatte, aber wer in diesem Dritten Reich eine so herausragende Stellung bekleidet hat, wie Sie es getan haben, und für dieses Dritte Reich gekämpft hat, wäre es nicht viel weiser gewesen, wenn Sie dann Schluß gemacht hätten und gesagt hätten: Jetzt ergreife ich einen anständigen Beruf?

Ich bin jemand aus dem weißen Jahrgang, ich war

immerhin acht, neun Jahre, als hier in Hamburg die Menschen brennend auf der Straße herumliefen. Ich bin auch ausgebombt worden. Und wenn ich jetzt sehe, wie unser Bundeskanzler mit einem General von »früher« international auftritt, dann denke ich: Muß das sein? Wenn Sie eine so große Soldaten-Moral haben, warum haben Sie da nicht gesagt: Gut, ich habe in meinem Leben einmal die ganz große Scheiße gebaut — schlimmer kann es nämlich gar nicht sein, wenn man sich einem solchen Regime zur Verfügung stellt und das nicht merkt —, jetzt mach ich Schluß damit?

**Glotz:** Sie haben vorhin den Satz gesagt: einen »anständigen Beruf« ... Würden Sie das bitte einmal interpretieren? Sie wollen doch wahrscheinlich ...

**Scheibner:** Ich bin Satiriker, Herr Glotz, ich kann nur meinen Kollegen Georg Kreisler zitieren: »Aus dem wird nie etwas, der bleibt ein General.«

(Es folgt längere Debatte.)

**Scheibner:** Wenn wir von Tradition in der Bundeswehr reden, dann finde ich: Wir haben gar keine, wir müssen ganz neu anfangen.

**Wörner:** Also, ich muß da jetzt einmal eingreifen. Ich höre mir das jetzt einige Zeit mit an. Das erste, was ich sagen möchte: Die Scheidung in »anständige« und »unanständige« Berufe, in »anständige« und »unanständige« Menschen und die Verbindung ausgerechnet mit den Soldaten ist wieder eines Ihrer Klischees.

**Scheibner:** Ich freue mich, Ihnen auch mal einige Klischees anbieten zu können, wo Sie das doch sonst immer allein machen.

**Wörner:** Ich bewundere Ihre Arroganz, mit der Sie offensichtlich unterstellen, daß Sie anständig sind, und der, der Uniform trägt, ist nicht anständig. Jetzt komme ich zu dem, was mir wichtig erscheint: Sie haben offensichtlich die Vorstellung, daß Soldaten und Waffen an den Kriegen schuld seien — oder in erster Linie schuld seien. Ich sage Ihnen: Wenn Sie länger darüber nachdenken, was den Frieden wirklich gefährdet, was die Spannungen wirklich hervorruft — sind es nicht die Soldaten, sind es nicht die Waffen, Sie können das übrigens fast an jedem Krieg nachweisen.

**Scheibner:** Bloß auf das Dritte Reich trifft das nicht zu.

**Wörner:** Soldaten und Waffen sind viel eher die Folgen von Spannungen, soll ich Ihnen sagen . . .

**Scheibner:** SS und SA waren von vornherein militärisch gedacht.

**Wörner:** Darf ich vielleicht doch einmal zu Ende reden? Ich glaube, daß zur Demokratie und zum anständigen Miteinanderumgehen das Zuhören gehört —

**Scheibner:** Ich bemühe mich.

(Längerer Vortrag von M. Wörner)

**Glotz:** ... Wir sind in einem Prozeß wie die Schweden, wie die Österreicher und wie viele andere demokratische Staaten auch ...

**Scheibner:** Wenn wir wie die Österreicher wären, dann gäbe es die Bundeswehr in dieser Form nicht. Das ist es ja, was ich vorhin meinte, als ich sagte: ...

**Glotz:** Wir sind leider nicht in der Lage, verehrter Herr Scheibner, die BRD liegt nicht so wie Österreich. Das ist unser Problem.

**Scheibner:** Aber warum sind wir nicht in der Lage?

**Glotz:** Ja, weil wir nicht so liegen!

**Scheibner:** Nein, weil wir den Preis gezahlt haben.

**Wörner:** Es gibt keine deutsche Freiheit ohne die existentielle Zusammenarbeit mit dem Amerikaner, und daher kann ich nur sagen und daher werden wir dieses Bündnis weiterpflegen.

**Scheibner** (ihn unterbrechend): Daß Herr Wörner seinen Bundeskanzler in den Himmel hebt, ist ja ganz klar, denn ohne seine Gnade wäre er ja gar kein Verteidigungsminister mehr. Ja, und so ein Mann sitzt an der empfindlichsten und verantwortungsvollsten Stelle in diesem Staat. Was mich am meisten beunruhigt, ist was ganz anderes!

Wir feiern hier heute abend eigentlich so ein Betriebsfest. So habe ich den Eindruck. Ist auch ganz nett, und ich habe auch diese Herren vom Katastrophenschutz gern, ich finde, das sind ganz tolle Typen, und auch die Musikkapelle find ich wunderbar. Aber was in Wirklichkeit dahintersteht ...

**Glotz:** Dann frag ich Sie, wozu man die Bundeswehr braucht!

**Wörner** (unterbricht Scheibner): Auf jedem Betriebsfest ein Clown, den spielen Sie im Augenblick ...

**Scheibner:** Dann muß ich sagen, das ist zum erstenmal etwas, wo ich mich geehrt fühle, denn man weiß: Clowns sagen meist die Wahrheit.

(Großes Durcheinander im Publikum)

Also, was mich nun am allermeisten beunruhigt, ist, daß wir uns allmählich immer mehr an die Situation gewöhnen, in der wir leben. Diese Situation, von der Sie vorhin gesagt haben, sie habe uns jetzt 30 Jahre den Frieden gebracht. Das ist aber eine Situation von zwei Gegnern, die sich mit gespannten Pistolen, die sie aufeinander gerichtet haben, gegenüberstehen. Das ist der Friede, den wir haben! Ein sehr gefährlicher Friede! Und der kann jeden Tag durch einen Zündfunken in die Luft gehen ... Und jetzt komme ich zu der Frage, die an Sie gerichtet ist (zu Frau Dr. Krüger):

Wir haben einen Nobelpreis bekommen vor einigen Tagen für die Ärzte, die sich weigern, Vorsorge zu betreiben oder auch nur zu planen für den Fall des Atomkrieges. Und ich finde, das ist eine unwahrscheinlich erfreuliche Sache. Dazu hätte ich gern einmal Ihre Meinung, die Sie als Ärztin, Anästhesistin, für die Bundeswehr arbeiten.

**Krüger:** Ich arbeite als Anästhesistin und habe diese Entscheidung doch mit etwas Erstaunen wahrgenommen. Denn, daß wir alle, da schließe ich mich ganz besonders ein und auch die ganze Runde hier, gegen einen Atomkrieg sind — das setze ich voraus. Und daß wir alle dafür etwas tun, bloß jeder in seiner Art, sollte man auch akzeptieren. Ich finde es phantastisch, daß bekannte Mediziner sowohl aus der Sowjetunion als auch aus den USA sich aktiv dafür einsetzen, daß es zu keinem A-Krieg komme. Aber da begehen sie einen ganz gewaltigen Denkfehler: Es abzulehnen, sich für den Katastrophenfall weiterzubilden, ist falsch ... Wenn man mir vorwirft, weil ich mich mit Katastrophenmedizin beschäftige, bin ich für einen Krieg ... dann sage ich Ihnen: Jede gut funktionierende Feuerwehr müßte dann Ihres Erachtens nach auch für Brandstiftung sein ...

**Wellershoff:** Was mich stört, wenn ich die Redaktion einmal angreifen darf, es ist überhaupt nicht die Rede von den Menschen in der Bundeswehr. 5,2 Millionen unserer Mitbürger haben den Dienst für unser Land geleistet. Und ich finde, darüber sollte man reden ...

**Scheibner:** Das Bedauerliche an dieser Diskussion ist, und da sind wir uns alle einig, wenn die Bundeswehr nur dazu da wäre, Katastropheneinsätze ...

**Altenburg:** Ist sie nicht! Das macht sie nebenbei. Das ist der Bonus, den sie gibt ...

**Scheibner:** Er hat vollkommen recht, und ich kann ihm nur zustimmen, und wenn hier immer gesagt wird, ich sei gegen die Soldaten der Bundeswehr — im Gegenteil, ich traue denen allen etwas zu —, ich traue denen allen vernünftigen Menschenverstand zu! Und deshalb appelliere ich an denselben. Das Schlimme ist Ihre Verharmlosung ... Herr Glotz hat das einzig Richtige eben angerissen ... ich finde, daß muß man heute abend einmal sagen: die Bedeutung der Bundeswehr — eigentlich hat sie gar keine mehr. Wir brauchen doch nur 20 Leute, die auf den Knopf drücken können. Was will die Bundeswehr denn in einem Konfliktfall noch machen?

**Wörner** (zu Schuller und Scheibner): Keiner der Soldaten und Politiker, die hier versammelt sind, haben den Versuch gemacht, Menschen abzuwerten, die anderer Auffassung sind. Sie haben doch damit angefangen, die Soldaten mit Mördern in einen Topf zu werfen ...

**Scheibner:** Herr Wörner, das habe ich überhaupt nicht gesagt. Das ist schon wieder Polemik von Ihnen. Ich habe nicht die Soldaten mit Mördern in einen Topf geworfen. Aber ich habe alle die Leute in einen Topf geworfen, die mit der Vernichtung von Millionen Menschen Planspiele treiben und nur damit ihre sogenannte Sicherheitspolitik machen! Das meine ich, da ist der Begriff »Mörder« unerheblich.

(Scheibner meldet sich erst gegen Schluß der Veranstaltung wieder zu Wort.)

Jetzt soll doch ruhig noch mal Margot Werner singen, und ich möchte einen ganz kleinen künstlerischen Beitrag bringen.

**Krüger:** Herr Scheibner, es reicht jetzt!

**Wörner:** Nein, den wollen wir nicht hören. Ich will ihn nicht hören, damit das klar ist.

**Scheibner:** Einen Vierzeiler. Zum Nachdenken:

Das Leben auf dem Pulverfaß ist eigentlich ganz schön.
Ja, man gewöhnt sich auch an das und findet es bequem.
Und schreit auch Alarm! manchmal einer —
Das macht doch nichts, das merkt doch keiner!

**Wörner:** Also, das war kein Vierzeiler, wenn ich das sagen darf! Typischer Scheibner, es waren, statt vier, acht Zeilen.

**Hamburger Abendblatt**

Chefredakteur

Herrn
Hans Scheibner
Harnackring 69

2050 Hamburg 80

Hamburg, 4. November 1985
kk/r

Lieber Herr Scheibner,

mit Ihren Äußerungen über Soldaten und über die Bundeswehr am Freitagabend in der NDR-Talkshow haben Sie sich für eine weitere Mitarbeit beim Hamburger Abendblatt disqualifiziert.

Betrachten Sie bitte unsere Zusammenarbeit als beendet.

Mit freundlichen Grüßen

Klaus Korn

# Der Fall Hans Scheibner

Von PETER KRUSE

Manche mögen über die Feststellung lächeln, aber die Behauptung läßt sich nicht von der Hand weisen: Auch Journalisten haben ein Berufsethos, das uns verpflichtet, Kollegen in Schutz zu nehmen, wenn sie angegriffen werden oder selbst angreifen. Das freie Wort genießt in der demokratisch verfaßten Gesellschaft, wie in der Bundesrepublik Deutschland, höchsten Schutz.

Hans Scheibner aber, der seit Jahren im Hamburger Abendblatt satirische Kolumnen schreibt, hat sich mit seinen Auslassungen im Wochenend-Fernsehen aus dieser Schutzbedürftigkeit selbst entlassen.

Diese Zeitung würde ihre Glaubwürdigkeit einbüßen, schwiege sie zu dem weitab aller Satire stehenden Scheibnerschen Angriff auf die Soldaten der Bundeswehr, die er mit kriminellen Gewaltverbrechern, Mördern, auf eine Stufe stellt. Hier macht sich der „Läster-Lyriker" der eklatanten Verhetzung schuldig, gegen die er in vielen seiner satirischen Beiträge selbst mit Vehemenz angetreten ist.

Es wäre keinem der Soldaten in dieser Republik zu verdenken, wenn er in Scheibners Ausfall einen Straftatbestand sieht und Klage wegen übler Verleumdung erhebt. Der Satiriker müßte dann vor Gericht seine Behauptung belegen, aber wir können ihm schon jetzt sagen, daß er kläglich scheitern müßte.

Es gibt für Hans Scheibner überhaupt nur einen Weg, der es ihm in dieser Situation noch erlaubt, das Gesicht zu wahren: eine öffentliche Entschuldigung. Das ist das Mindeste, das Soldaten erwarten, die einen demokratischen Auftrag erfüllen.

Hamburger Abendblatt 5. 11. 1985

R.v.Zitzewitz
Güntherstr. 51
2000 Hamburg 76

Hamburg, den 6. November 1985

An den
Intendanten des NDR
Herrn
Friedrich-Wilhelm Räuker
Rothenbaumchaussee 132/134
2000 Hamburg 13

Sehr geehrter Herr Räuker,

selten hat mich eine Sendung so empört wie die NDR-Talkshow vom letzten Freitag.

Ich frage mich und Sie: Wozu wurden zwei Personen dazu eingeladen, die dem Thema Bundeswehr kritisch gegenüberstehen, wenn offensichtlich doch nur eine Jubelfeier geplant war?

Diese Häme, mit der Marianne Schuller und Hans Scheibner von Anfang an in der Runde und natürlich auch von den meisten, handverlesenen Zuschauern behandelt wurden, war beschämend. Und besonders Herr Staisch hat da kräftig mitgemischt. Für einen Gastgeber eigentlich ein erstaunliches Verhalten!

Minister Wörner durfte ohne jede Einschränkung für die Bundeswehr und ihre redlichen Ziele werben. Nein, die Bundeswehr hat nichts zu verbergen! Er durfte seine Tage der offenen Tür anpreisen. (Es ist ja auch zum Beispiel lustiger für Schulkinder, bei Erbsensuppe und Marschmusik mit Waffen zu spielen, als sich in einer KZ-Gedenkstätte Fotos von Leichen anzusehen. Für den Tag unter Waffen gibt's ja sogar schulfrei!)

Niemand in der Runde bezweifelte, daß die ganze Nation die öffentlichen Vereidigungen miterleben möchte. Mein Bedarf an diesen Schauen wurde bereits in der Nazizeit gedeckt, und ich weiß mich mit dieser Einstellung in guter Gesellschaft.

Der kleinen Rüffel, die Kamera zeige ja lieber die paar Demonstranten vor dem Kasernentor als die Feier mit unseren Soldaten, wurde von Herrn Staisch kommentarlos (verschämt) weggesteckt.

Wenn die beiden Kritiker etwas Kritisches sagen durften, wurden sie auch noch mit Absicht falsch verstanden. So etwa bei der Unterstellung von Minister Wörner, Scheibner habe die Soldaten als Mörder bezeichnet. Das stimmt einfach nicht.. Zuhören müßte man können!

Sogar die Künstlerin paßte gestylt in diese Sendung. Unpolitisch, wie Margot Werner nun mal ist, hatte sie sich alles so lustig vorgestellt. Und nun zankten sich die bösen Männer, Männer, Männer.......

Und erst die schönen, gebastelten Kriegsgeräte, die da stolz vorgeführt wurden. Ob Frau Gundlach, die sie bewundern durfte, schon mal etwas von der Kampagne Anti-Kriegsspielzeug gehört hat?

Ganz durchgestylt war Ihr Pavillon allerdings doch nicht. Ein Transparent mit der Aufschrift: "Deutschland muß leben, auch wenn wir sterben müssen!" hätte gut in den Rahmen gepaßt.

Mit enttäuschten Grüßen

Rosemarie v. Zitzewitz

(Rosemarie von Zitzewitz)

ø Herrn Scheibner

2 XI 85

Hr. Albertz

Hm

Talkshow III

1. XI. 85

was sind Sie doch für
ein gewissenloser Scharlatan,
der sich satt, fett im Schutze unserer
Bundeswehr und unserer Verbündeten
in altem-dümmlicher Art u. Weise als sogenannter
„Friedenskämpfer" austobt.
Ihre gradezu pervertierte Dämlichkeit
und Unverschämtheit sollte Sie
unverzüglich in die waffenstarrende
„Freiheit" des Ostens verdammen, wo sich
Ihr unfaßbarer Schwachsinn bald
kurzfristig in Bautzen oder i. Gulag
etablieren würde.
Seien Sie sicher, unser Volk +
und unsere Jugend wird Sie
sicher bald zum Teufel jagen und
Ihrem Parasitenleben ein Ende
bereiten. ((Angewiderte + empörte))

Heuer

Dipl.-Ing.Hans Hellhake

6300 Gießen, 02.11.1985

Krofdorfer Straße 79

0641-81164

Hans Scheibner

c/o NDR - Talkshow

2000 Hamburg 54

NDR - Talkshow vom 01.11.1985

Ihr "Auftritt" war unter aller Würde!

Sie sind sicher mit Schallgeschwindigkeit durch Ihre Kinderstube geschossen worden!

Sie sind ein Flegel!

Gisela Middelhauve
2000 Hamburg 70, d. 4. 11. 85
Luetkensallee 41

Sehr geehrter Herr Scheibner!

Ich nehme an, daß bei Ihnen nach der Talk-Show die bösen Briefe körbeweise angeliefert werden. Damit wenigstens auf der anderen Seite der Waagschale noch ein kleines Gewichtchen dazukommt, schreibe ich heute diese Zeilen.

SIE HABEN NÄMLICH RECHT!!!Mit jedem Wort, das Sie sagten, mit jeder Warnung, mit jeder Feststellung. Und daß Sie sich diesen aalglatten Militärs stellten, zeugte von unsagbarem Mut, denn der Ausgang dieses "Gesprächs" war vorprogrammiert.

Bitte behalten Sie diesen Mut, bitte machen Sie weiter! Sie dürfen nicht aufgeben gegen die Blindheit der Masse anzukämpfen - vielleicht wachen die Lemminge auf, werden sehend und ändern ihren irrsinnigen Kurs!Das wäre die einzige "Wende", die man begeistert bejahen könnte!

Ich habe noch eine Bitte: Können Sie mir den Text Ihres "Vierzeilers" geben? Es ging alles so schnell, daß ich ihn mir nicht merken konnte.

Mit herzlichen Grüßen von einer unbekannten, begeisterten Zuschauerin, die Sie leider nicht bekehren konnten,weil sie schon vor der Sendung Ihrer Meinung war.

Gisela Middelhauve

## Es lebe der Krieg

Am 27. Mai 1987 trafen sich in Wunstorf ehemalige Bomberflieger des »Geschwaders Boelcke«, das vor fünfzig Jahren an der Zerstörung der baskischen Stadt Guernica beteiligt war. Die faschistischen Bomberflieger (Hitler unterstützte damals Franco) trafen sich in Wunstorf mit Bundeswehroffizieren zur »Traditionspflege«.

Der Krieg ist das Größte! Der Krieg macht aus Mördern Helden. Der Krieg steht höher als Recht und Unrecht! Wer vor fünfzig Jahren als Zivilist Frauen und Kinder umgebracht hat, hätte es heute schwer, seine Taten zu feiern, die Tradition seiner Morde zu pflegen. Es sei denn: Er hätte es im Kriege getan. In Uniform. Denn der Krieg rechtfertigt alles. Wer im Krieg getötet hat — und sei es auf der Seite der Faschisten, der Nationalsozialisten —, der hat es irgendwie immer fürs Vaterland getan. Ob sein Vaterland sich für ihn schämt — spielt keine Rolle: Er pflegt die Tradition seiner blutigen Taten in einer Feierstunde. Die Fahne hoch!

Das Massaker von Guernica, das Picasso zu seinem die Menschheit anklagenden Bild veranlaßte, gilt als Symbol des unmenschlichen Krieges. Eine Stadt mit 4000 Einwohnern wurde mit Frauen und Kindern und Greisen dem Erdboden gleichgemacht.

Diese Tradition muß gepflegt werden!

Denn der Krieg ist der größte aller Werte. Im Krieg zählt nicht, warum du tötest oder wen du tötest. Im Krieg zählt nur, daß du tötest — und je mehr Menschen, desto besser!

Stolz blicken die Männer des ›Boelcke-Geschwaders‹ auf ihre Tradition.

Und der Sprecher der Luftwaffe in Bonn, Oberstleutnant Dittermann, sagt dazu: »Vor einem Fliegerdenkmal in Wunstorf finden regelmäßig Gedenkveranstaltungen von Veteranen des ›Geschwaders Boelcke‹ statt. Daran nehmen auch Offiziere des heutigen Jagdgeschwaders 31 teil. Auch dieses heutige Geschwader trägt den Beinamen ›Boelcke‹, eines Jagdfliegers aus dem Ersten Weltkrieg. Das Weltkriegsgeschwader ›Boelcke‹ hat ja eine Vielzahl von Einsätzen geflogen — nicht nur über Guernica.«
Jawohl — man muß die Bundeswehroffiziere auch verstehen. Ihnen fehlt ja noch die erhebendste Erfahrung, die es für den Soldaten geben kann: die Erfahrung des Krieges. Des Krieges, der aus Mördern Helden macht, aus purer Dummheit Vaterlandsliebe, aus gewalttätigen Verbrechern tapfere Kameraden!
Es lebe der Krieg!
Die Tradition muß gepflegt werden.

## Ermunterung, den Wehrdienst total zu verweigern

Im Oktober 1986 organisierten vier junge Männer — Frank Deutsch, Sören Sieg, Heiko Streck und Dirk Wildgruber — in der Hamburger Fabrik eine Veranstaltung, um ihren Entschluß, nicht nur den Wehrdienst, sondern auch den Ersatzdienst zu verweigern, öffentlich zu diskutieren. Sie hatten mich zu dieser Veranstaltung eingeladen und gebeten, Stellung zu nehmen.

Liebe Freunde!
Euer Entschluß, den Wehrdienst in der Bundeswehr total zu verweigern, nötigt mir nicht nur größten Respekt ab — ich kann euren Entschluß nur aus vollem Herzen gutheißen.
Ich sehe eure Entscheidung nicht als ein ideologisches Programm an, eine abgeschlossene Weltsicht zur Rettung der Menschheit, sondern als eure ganz besondere Gewissensentscheidung, die ihr bereit seid, persönlich zu verantworten.
Ich weiß, daß das eine sehr ungemütliche Sache für euch werden kann. Deshalb soll man so einen Entschluß nüchtern und nicht mit idealistischer Begeisterung sehen. Ganz bestimmt begreifen viele Menschen eure Gründe überhaupt nicht. Die meisten sagen: Was wollt ihr denn? Ihr habt ja das Recht auf Kriegsdienstverweigerung. Die Definition »Ersatzdienst ist Ersatzkriegsdienst« ist Unsinn. Mit dieser Schwierigkeit kriegt ihr zu tun — und ich befürchte, mehr, als ihr jetzt ahnt.
Trotzdem: Euer Entschluß zur absoluten Verweige-

rung ist nicht nur mutig, ich meine auch, daß es bitter nötig war, ein solches Signal zu setzen.
Wer erst in diesen Tagen wieder mit wachem Sinn miterlebt hat, mit welchem Zynismus die verantwortlichen Politiker des Westens und die verantwortlichen Politiker in unserem Lande mit der Sicherheit der ganzen Menschheit umgehen — der kann nur sagen: Jetzt ist Schluß. Sie sollen sich ihre Sprüche von Verteidigung der Freiheit und Demokratie an den Hut stecken! Reykjavik war eine Hoffnung für die ganze Menschheit. Sie wurde zunichte gemacht von den Hasardeuren des sogenannten freien Westens. Dieselben Leute, die von euch verlangen, im Ernstfall nicht nur euer Leben, sondern das Leben Millionen Unschuldiger zu opfern — dieselben Leute, die das Schreckgespenst des Kommunismus und des Überfalls aus dem Osten täglich an die Wand malen, dieselben Leute sind es, die für ein Zerrbild von Freiheit das Überleben der Menschheit aufs Spiel setzen. Damit meine ich folgendes: Freiheit kann immer nur daraus bestehen, daß es in einer Gesellschaft garantierte Rechte gibt, die jeder einzelne durch unparteiische Rechtsinstanzen durchsetzen kann. Aber diese rein formale Freiheit hat weder den bestialischen Vietnamkrieg verhindert, noch hat sie verhindert, daß in Mittelamerika Unterdrückung und Gewalt herrschen, sie hat die Tyrannei in Chile nicht verhindert, und auch der Rassismus in Südafrika läßt sich offenbar ganz gut mit der Politik derer vereinbaren, die ihre freiheitliche demokratische Grundordnung täglich im Munde führen. Es genügt eben nicht, Demokratie und Menschenrechte nur formal zu verbriefen, zu besiegeln. Da müssen auch Menschen sein, die diese Rechte täglich durchsetzen und die der Idee der Demokratie Leben einhau-

chen. Von Freiheit und Demokratie nur zu reden ist etwas anderes, als sie tatsächlich zu verwirklichen. Unter dem Siegel dieser schönen Worte lassen sich manchmal sogar Völkermord, Unterdrückung, soziales Unrecht oder die Wahnsinnsrüstung ganz besonders gut verkaufen.
Es waren Reagan und der Westen, die die Abrüstung verhindert haben! (Und wenn es inzwischen durch die Gorbatschow-Initiative so aussieht, als ob die sogenannte doppelte Null-Lösung zustande kommt, so sollte man nicht vergessen: Gerade die bundesdeutsche Regierung war es, die sich mit Händen und Füßen dagegen gesträubt hat. Im übrigen betrifft die doppelte Null-Lösung höchstens drei Prozent des gesamten atomaren Vernichtungspotentials in der Welt.) Es ist einfach unerträglich, mit ansehen zu müssen, welches Spiel gerade die für die Bundesrepublik verantwortlichen Politiker mit uns treiben. Die Herren Wörner und Konsorten immer vornean. Statt jede noch so kleine Möglichkeit zu prüfen, endlich konkrete Schritte zur atomaren Abrüstung zu unternehmen, statt verzweifelt bemüht und bereit zu sein, auch größte Opfer zu bringen, die Menschheit von dieser Wahnsinns-Geißel zu befreien, spielen sie in aller Ruhe ihre ungeheuerlichen Holocaust-Planspiele weiter mit uns — in der Manier der Sandkastenspiele, wie sie von den Militärs seit Jahrhunderten gespielt wurden. Jetzt aber bis ins Irrsinnige gesteigert, mit der Bedrohung für die gesamte Menschheit. Sie können das, weil die Trägheit der Normalbürger so erschreckend groß ist, weil sich die Menschen immer wieder von den konkreten Gefahren ablenken lassen.
Darum denke ich: Wer erkennt, was hier mit uns gespielt wird, kann sich nur mit Zorn und Empörung

abwenden. Sie sollen ihre Sprüche von Verteidigung und Freiheit des Vaterlandes sonst jemandem erzählen — aber nicht Menschen, die ihren klaren Verstand behalten wollen. Diese verantwortungslosen Machtpolitiker haben kein Recht, junge Menschen zum Wehrdienst zu rufen. Diese Leute sind so unglaubwürdig, daß es zur Pflicht jedes denkenden jungen Mannes wird, den Kriegsdienst, den Wehrdienst zu verweigern und die Wehrpflicht total abzulehnen.

Für meinen Begriff: Nicht der Wehrdienst ist moralische Pflicht in diesem Lande, sondern die Ablehnung jeglichen Wehrdienstes ist es geworden und die Ablehnung der Haltung derjenigen, die selbst nie ernst machen mit der Verteidigung der Freiheit. Sie sind diejenigen, die sie aufs Spiel setzen.

Nebenbei gesagt: Wenn sie ihre hochtrabenden Sprüche klopfen vom »ehrenvollen Soldatsein an sich« oder sogar davon, daß »die Bundeswehr eine Friedensbewegung« ist, dann wird mir wirklich körperlich übel. Im Zeitalter der Massenvernichtungswaffen kann es kein »ehrenvolles Soldatsein an sich« mehr geben. Es gibt lediglich die Gedankenlosigkeit, an einer irrsinnigen Tötungsmaschinerie wie an irgendeiner karrieresüchtigen Institution teilzuhaben (und dann wehe der Menschheit, die auf diese Weise in der Gefahr schwebt, fast aus Versehen jeden Augenblick ausgelöscht werden zu können). Niemals kann es eine Blanko-Urkunde dafür geben, daß der Soldat einem Ehrenstand angehört. Soldat zu sein bedeutet immer, sich in der Gefahr zu befinden, entweder in die furchtbarste Schuld verstrickt zu werden oder heute im Zeitalter der Massenvernichtungsmittel im Einsatz als äußerstes, letztes Mittel, bzw. um allergrößte Unmenschlichkeit abzuwenden, dennoch die ganze Menschheit an den Rand des Untergangs zu bringen. Das hat aber nichts damit zu tun, in einem Ehrenkleid einen Ehrendienst zu versehen und wie alle diese Verherrlichungen und traditionsbewußten Gefühlsduseleien bezeichnet werden. Darum sage ich: Mit eurem Entschluß, auf keine Weise mehr mitzumachen beim Wehrdienst, habt ihr eine reelle Chance, der Demokratie und der Freiheit wirklich zu dienen. Wer euch verurteilt, sollte sich erst einmal selber fragen, wie weit er durch seine Gedankenlosigkeit bereits mitschuldig ist an dem Wahnsinn, der sich über die ganze Menschheit ausgebreitet hat.

## Sie sind so mies!

Vor einigen Jahren habe ich einmal versucht, die wahnwitzige Situation, in welche die Menschheit sich mit der gegenseitigen atomaren Bedrohung gebracht hat, mit einem Bild anschaulich zu machen:
Ich erinnerte damals an das Kinderlied »Bei uns in Altona!«. Darin kommt eine Strophe vor:

»Die Feuerwehr, die hat 'n Spleen,
die löscht das Feuer mit Benzin —
Hurra, hurra — bei uns in Altona!«

Das sogenannte Gleichgewicht des Schreckens funktioniert nach genau diesem Prinzip. Der Feuerwehrhauptmann ruft: »Alle Bürger mal herhören! Das Löschen mit Wasser nützt ja doch nichts. Denn es entstehen trotzdem immer wieder neue Brände! Darum hat die Feuerwehr ab sofort ihre Feuerwehrspritzen mit Benzin gefüllt. Ihr habt die Wahl: Entweder ihr vermeidet absolut jedes Feuer — oder: Wir kommen und spritzen!«

Von nun an lebten die Bürger in Angst und Schrecken vor jedem kleinen Streichholz.

Dieses Bild sollte zeigen, in welch blödsinnige, idiotische Situation die Menschheit sich gebracht hat. Eine jämmerliche Situation, die darauf beruht, Abermillionen unschuldiger Menschen jeden Augenblick zu bedrohen — mit der absoluten Katastrophe ohne Umkehr.

Als ich dieses Bild malte, dachte ich: Armseliger kann es eigentlich nicht mehr kommen.

Das war ein Irrtum.

Wenn ich jene erzkonservativen Abrüstungsbedenkenträger immer noch reden höre, wenn ich lese, wie die Herren Wörner, Dregger oder auch Kissinger und Weinberger sich zu den Nullösungsvorschlägen stellten, so sehe ich: Es gibt tatsächlich eine Steigerung der Idiotie!

Als der Feuerwehrmann einen Anfall von Vernunft hatte und rief: »Laßt uns das Benzin wieder aus den Löschzügen nehmen und lieber wieder mit Wasser löschen!«, da atmeten alle normalen Bürger auf. Die Herren Wörner und Konsorten aber ringen die Hände und bedauern: »Ach, mit dem Benzin hat es doch so gut geklappt. Mit Wasser kann es wieder wie früher viele einzelne Brände geben und nicht den großen Weltbrand ohne Umkehr!«

Daß das Benzin eine andere Dimension hat als Wasser, interessiert sie nicht. Daß die atomare Bedrohung vor allem alle unschuldigen Menschen der ganzen Erde trifft, interessiert sie nicht. Menschen sind für sie ja nur »Spielmaterial für ihre Gesamt-Vernichtungsspiele«!

Oh, Kurt Tucholsky, ich höre dich:

Sie sind so mies! Ja, sie sind so mies!

## Das Neue Jahr

I

Das Neue Jahr erschien auf Erden.
Gleich rief es: »Alles muß anders werden!
Zuerst will ich überall Frieden schaffen.
Reicht euch die Hände! Fort mit den Waffen!
Und dann . . .!«

»Ja, bravo!« riefen alle Leute.
»Aber bitte: nicht gleich das Schwierigste heute!
Wir raten, mit Leichterem anzufangen.
Es bedrückt ja so vieles noch unser Herz!«
So berieten sie sich. Da waren vergangen:
Januar, Februar, März.

II

»Nun gut! Dann aber sage ich euch:
Im Neuen Jahr sind alle Menschen gleich!
Schwarze und Weiße! Und Frau und Mann!
Wir fangen sofort mit der Änderung an,
damit . . .«

»Sehr gut!« rief man ringsumher.
»Aber eigentlich ist das nichts Neues mehr.
Zwar gibt es noch Anwendungs-Zweifelsfälle,
doch die Gleichheit der Menschen ist lange
beschlossen!«
So kam das Problem nicht recht von der Stelle.
Da waren April, Mai und Juni verflossen.

### III

Das Neue Jahr, nun schon weniger neu,
legte jetzt alle Kraft in den Schrei:
»Brot für alle hat die Erde!
Ich will, daß der Hunger beendet werde!«

»Bravo! Das ist auch unser Wille«,
riefen die Menschen. »Nur — der Papst und die
Pille...
Und verschiedene Marktwirtschafts-Probleme...
Die müßte man lösen vor allen Dingen
bevor man zu echten Ergebnissen käme...«
Juli, August und September vergingen.

### IV

Das Neue Jahr hatte schon Rheumaschmerzen.
Doch immer noch lag ihm das Gute am Herzen.
»Ich bin jetzt bescheiden. Ich bitte euch nur«,
hustete es, »beschützt die Natur!«

»Sowie wir die Nordsee-Schmutz-Analyse
erst vorliegen haben, beschützen wir diese!«
versprachen die Leute, die zuständig waren.
»Und im nächsten Jahr wird sowieso alles neu!«
So ging nach dem nun schon bekannten Verfahren
Oktober, November, Dezember vorbei.

### V

Da erschien — das Neue Jahr auf Erden.
Gleich rief es: »Alles muß anders werden...!«

Knaur®

Satire

WOLFGANG FRANKE

# LORE LORENTZ

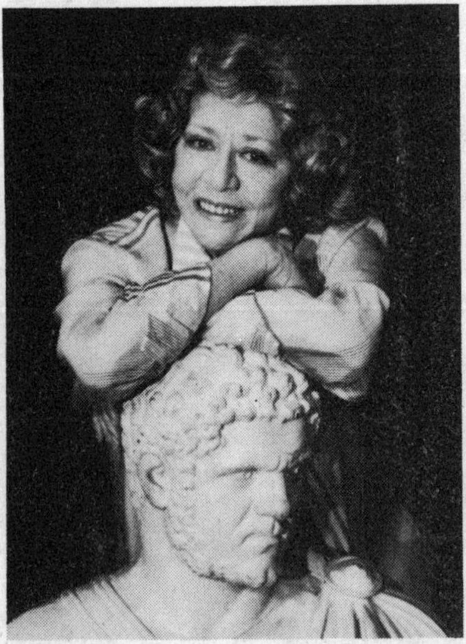

Originalausgabe

# EINE SCHÖNE GESCHICHTE

## Eine historische Stunde im Kom(m)ödchen

Band 2175 · 120 Seiten · ISBN 3-426-02175-7

Knaur®

**Hildebrandt, Dieter, u. a.**
**Von Gau zu Gau oder die Wackersdorfidylle**
Der Scheibenwischer zur Wiederaufbereitung. 140 S., 37 s/w-Fotos. [2185]

**Lorentz, Lore / Franke, Wolfgang / Morlock, Martin**
**Marschmusik für Einzelgänger**
Ein Soloprogramm von Lore Lorentz mit Gedichten des großen Satirikers Martin Morlock, die Wolfgang Franke, Hausautor des Düsseldorfer Kom(m)ödchens in einen aktuellen Rahmen gestellt hat. 96 S. [2194]

**Scheibenwischer / Zensur**
Das Buch enthält den vollständigen Text der inkriminierten Sendung mit einer Dokumentation über die Reaktionen in der Öffentlichkeit. Vorwort von Heinrich Albertz. 112 S., 13 s/w-Fotos. [2188]

**Hildebrandt, Dieter / Müller, Hans-Christian / Polt, Gerhard**
**Krieger Denk Mal!**
Ein Buch zur moralischen Aufrüstung. 144 S. [2120]

**Faria Faria Ho**
Der Deutsche und sein »Zigeuner« – das Buch zum SCHEIBENWISCHER über Sinti und Roma. 104 S. mit Illustrationen von Dieter Hanitzsch und umfangreicher Anhang. [2179]

**... in diesem unserem Lande**
Deutschland nach der Wende. Eine satirisch-ernste Bestandsaufnahme. 107 S. mit 47 Cartoons. [2125]

**Jonas, Bruno**
**Der Morgen davor**
**Ein kabarettistisches Monodram.**
Treffsicher und schlagend – das neue Soloprogramm aus der Lach- und Schießgesellschaft von Bruno Jonas. 128 S. [2722]

**Schneyder, Werner**
**Gelächter vor dem Aus**
Die besten Aphorismen und Epigramme. 256 S. mit 14 Abb. [2108]

**Satz für Satz**
Ein Kabarettprogramm mit Fußnoten. 128 S. [2135]

**Wut und Liebe**
Gesammelte Ansichten. Treffsicher nimmt Werner Schneyder den Zustand unserer Zeit mit satirisch gespitzter Feder aufs Korn. 256 S. mit Illustr. von Luis Murschetz. [2190]

# SATIRE